信息技术拓展阅读丛书

丛书主编　李锋　王吉庆

本册主编　李锋

初中

郑明达　陈燃　程然　盛海彬　王艳　薛翔　严鸣鸣　金伯林　许仁国　编著

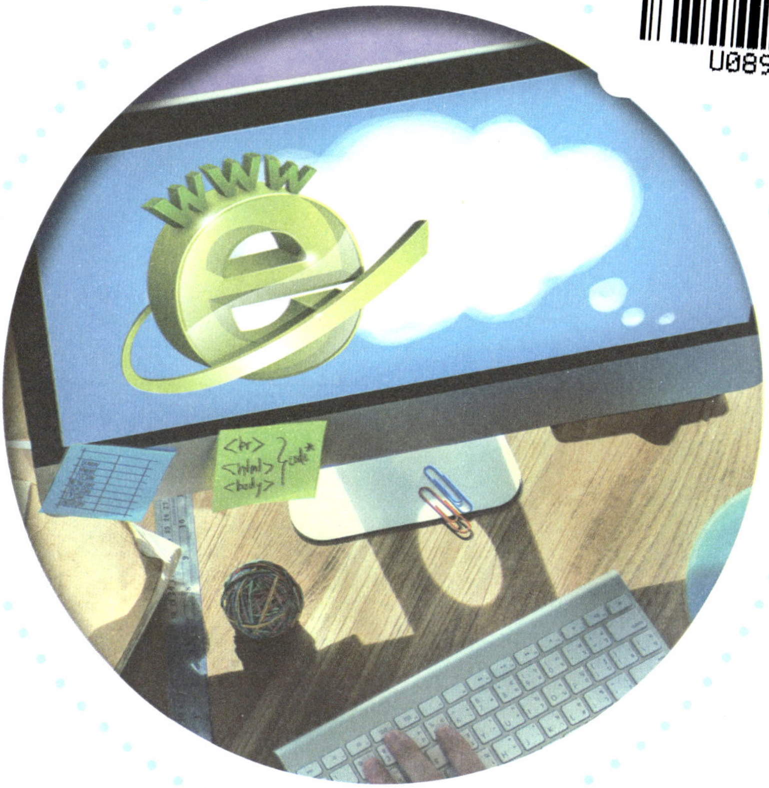

上海科技教育出版社

图书在版编目(CIP)数据

课本上学不到的信息技术. 初中/李锋主编;郑明达等编. —上海:上海科技教育出版社,2016.7(2021.3重印)

(信息技术拓展阅读丛书/李锋,王吉庆主编)

ISBN 978-7-5428-6415-4

Ⅰ. ①课… Ⅱ. ①李…②郑… Ⅲ. ①计算机课—初中—教学参考资料 Ⅳ.①G634.673

中国版本图书馆CIP数据核字(2016)第092219号

责任编辑 卢 源 赵亚楠
装帧设计 杨 静

信息技术拓展阅读丛书
课本上学不到的信息技术
初中
丛书主编 李 锋 王吉庆
本册主编 李 锋
本册作者 郑明达 陈 燃 程 然 盛海彬 王 艳
薛 翔 严鸣鸣 金伯林 许仁国

出版发行 上海科技教育出版社有限公司
(上海市柳州路218号 邮政编码200235)
网 址 www.sste.com www.ewen.co
经 销 各地新华书店
印 刷 三河市同力彩印有限公司
开 本 720×1000 1/16
印 张 8
版 次 2016年7月第1版
印 次 2021年3月第2次印刷
书 号 ISBN 978-7-5428-6415-4/G·3655
定 价 28.00元

主编的话

在技术应用中发展我们的创新能力

信息技术现在已经进入到我们生活与学习的方方面面。通过手机、平板电脑等移动终端,我们可以随时开展远程学习;利用互联网,我们能够与朋友进行实时交流。大家已经真真切切地生活在数字化环境中。

信息技术的每一次创新都推动了人类历史发展的进程。电子计算机的成功研制革新了传统的计算工具,提高了科学计算的速度和精度;微处理器的发明开创了集成电路的新纪元,促进了微型计算机与各个领域的融合;因特网的出现改变了人们的交流方式,加速了世界全球化的进程……德国哲学家卡西尔曾把创新作为"人类与自然界的天然分界线"的标记。如今,创新已成为数字化时代的主旋律。

"信息技术拓展阅读丛书"沿着"创新"这条主线,介绍信息技术发展历程中的传奇故事,分析信息技术工具创新的历史背景,讲解信息技术工具的创新历程,展现信息技术发展的前沿趋势。同时,也能够激发同学们对信息技术的好奇心和兴趣,培养对真知执著追求,对新兴事物敢于探索和对克服困难百折不挠的创新精神。

每一次信息技术的突破,科学家们都为之付出辛勤努力,其中有突发的个人灵感,有一次次的技术实验,有缜密的学术思考,也有集体合作的智慧结晶。丛书选取了"人工智能之父"图灵、"当代毕昇"王选和"苹果公司"创始人乔布斯等信息技术发展史上风云人物的传奇故事,分享他们科学创新的精神。

每一次信息技术的变革,都有着其时代发展的特征,其中凸显了人类生存挑战、社会变革需要、世界经济竞争和军事武装抗衡。丛书选取了"数字化存储技术"、"云计算"、"计算机发展历程"、"摩尔定律"和"数字化信息共享与安全"等反映信息技术发展的时代性特色内容,帮助同学们感受"需求"是信息技术发展的内在驱动力。

每一次信息技术的普及,都推动着社会的巨大进步,引发了生产方式的变革、商业模式的转换；加强了国家战略竞争力，极大地丰富了社会的财富。丛书选取“芯片人”、“走进无人机”、“导航与精确制导”和“越来越‘聪明’的搜索引擎”等对人们生活有着广泛影响的新技术，让同学们真切体验到信息技术推动社会进步的巨大力量。

近年来，信息技术在学校教育中越来越受重视。在学校教育改革中，信息技术也越来越强调发展学生的学科核心素养，注重信息技术工具性和人文性的融合，突出学科的科学性与实践性特征，关注技术方法，关心信息技术的前沿进展。针对学校信息技术课程拓展学习的需要，“信息技术拓展阅读丛书”遵循“学技术、用技术和开展技术创新”的理念，力争实现“学技术”与“用技术”的融合。

该丛书把信息技术知识的学习融入项目活动之中，丰富信息技术的学习方式。在结构设计上，每篇文章都精心组织了“阅读导语”，激发学生的学习兴趣；在文中针对知识要点安排有“知识窗”等栏目，帮助学生延伸学习；在文章的最后依据知识技能特征设计有“挑战无极限”活动，鼓励学生利用学到的知识与技能进行探究活动。

“学”信息技术是一个严谨的过程，它可以让你思考技术的特征，在沉思中同样能领会到信息技术的魅力；“用”信息技术是一件高兴的事，它可以放飞你的想象力，在用的过程中时不时得到一个意外惊喜。“信息技术拓展阅读丛书”就是希望把“学技术”和“用技术”结合起来，把“动脑思考”和“动手操作”结合起来，把“信息技术的过去、现在和未来”贯穿起来，成为大家体验和思考信息技术的支点，助力大家的数字化人生。

李锋

2016年1月于华东师范大学

目录

CONTENTS

U.S. AIR FORCE

1 微时代和微生活

10年前，一个生长在西北黄土高坡的孩子，来到一座海滨城市读大学。他来到这里的第一件事就是买了一部手机，这是他行走在城市的“通行证”。他站在海边，兴奋地拨通了爷爷家的电话，将手机对着大海喊道：“爷爷，请您听海！”——这是亲情的力量，也是通信的力量，这个力量牵引了亿万人。

1 悄悄到来的微时代

伟大的古希腊哲学家阿基米德说过：“给我一个支点，我可以撬动整个地球。”在2000多年后的今天，对于现代社会的人来说，这个支点会是什么？

小徐是金融白领，他在手机上下载了近100个应用软件，每个都有不同的用途。早上，“懒人闹钟”软件会在最佳时间唤醒他。起床后有一款日历应用软件可以提醒他今天有哪些事情要办。中午闲暇，他会看一部“微电影”并分享到朋友圈，还逛了逛网上商城，选几件物品装入“购物车”。入夜，一款“睡眠周期”软件能够为他催眠……小小的手机，成了他形影不离的伴侣。

无论是在地铁里，还是在饭桌上，甚至在行走中，捧着手机刷刷刷、拍拍拍、发发发的低头族们无处不在。智能手机充实了人们的碎片时间，给人们带来了“手机上的便捷生活”。缴费、理财、购物、游戏、浏览新闻、旅游订票甚至看病挂号……手机

阿基米德

这个孩子在他读大学的海滨城市安家立业，手机与他如影随行。他用手机阅读最新的资讯，安排每日的工作，以及与同事分享智慧的火花……有时还和在黄土高坡的爷爷用微信聊上一会儿。

印度诗人泰戈尔在《世界上最远的距离》中这样写道：世界上最远的距离，是鱼与飞鸟的距离；一个在天，一个却深潜海底。移动互联时代的来临，使得人们即使在“世界上最远的距离”，也可以“近在咫尺”。微信、微电影、微课、微服务和微创业……不经意间，我们已经悄然被带到了一个崭新的“微”世界。

几乎无所不能。

2007年11月，中国移动在世界最高峰珠穆朗玛峰北坡海拔6500米处，建立了海拔最高的移动通信基站，支持语音通话。2010年10月，芬兰电信巨头特里亚-索内拉电信公司控股的尼泊尔移动运营商Ncell又在珠穆朗玛峰南坡海拔5200米处建设了一个高速3G无线网络基站，实现了对珠峰峰顶的网络覆盖，且支

高原上的基站

如今“万能”的手机

持数据通信。2012年9月，中国移动也顺利开通了3G基站。至此，珠穆朗玛峰的主要观景点全面实现了3G覆盖，你可以第一时间将珠峰的风光通过视频电话等先进通信方式传送给亲朋好友。科考人员和登山爱好者也可以在艰苦的登山途中享受网络带来的极大便利。这个居高临下的网络基站似乎是一个象征，它骄傲地告诉人们：网络无处不在！

现在你可以回答刚才的那个问题了吗？这个支点是——移动互联时代的智能手机。有了它，我们可以在世界屋脊看到家人的笑容，在草原深处体会艺术的灵感，在西北边陲感受科技的便捷……

蜂窝网络和基站

我们常说的3G、4G指的是第三代、第四代移动通信技术，它们使用的都是蜂窝式网络结构。这源于一个数学猜想：正六边形是使用最少结点可以覆盖最大面积的图形。出于节约设备构建成本的考虑，正六边形是网络建设最好的选择。这样形成的网络覆盖在一起，形状像蜂窝，因此被称作蜂窝网络。

蜂窝网络结构的核心就是基站。基站即公用移动通信基站，是指在一定的无线电覆盖区中，通过移动通信交换中心，与移动电话终端之间进行信息传递的无线电收发电台。移动通信基站的建设是中国移动通信运营商投资的重要部分，要考虑到覆盖范围、通话质量、投资效益和维护方便等等。蜂窝结构以通信基站为中心，临近的基站接壤而设，组成点阵。用户端在这片蜂窝格子中移动，在一个又一个的基站之间转换。

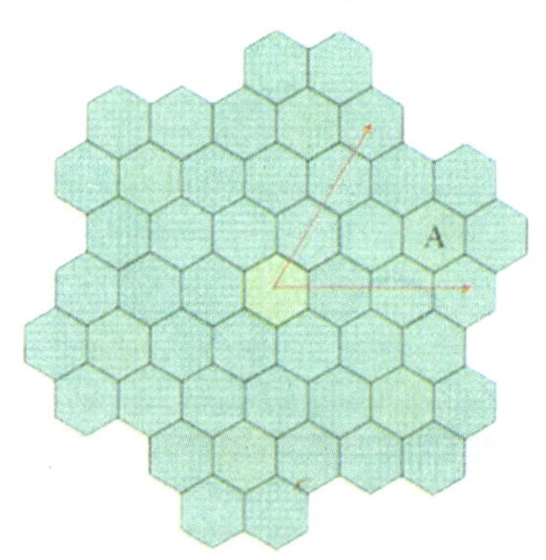

蜂窝状网络结构

三大移动通信运营商

2009年1月7日，工业和信息化部向中国移动、中国电信、中国联通分别发放了3G牌照，中国移动获得了TD-SCDMA的运营牌照，中国电信获得了CDMA2000的运营牌照，中国联通则获得了WCDMA的运营牌照。它们三家就是中国的三大移动通信运营商。

移动通信技术目前经历了四代。1G服务只能进行语音通话；2G服务能收发电子邮件和浏览网页；3G服务能够处理图像、音乐和视频等多种媒体形式，提供包括网页浏览、电话会议和电子商务等多种信息服务；4G服务则集3G与无线局域网于一体，能够实现高速度、高质量的数据传输。

2013年12月4日，工业和信息化部发放4G牌照。三大移动通信运营商分别获得TD-LTE牌照，标志着中国通信行业进入了4G时代。

三大移动通信运营商

2 终身学习者

终身学习是指社会每个成员为适应社会发展和实现个体发展的需要，贯穿一生的持续学习过程。

1994年11月，首届世界终身学习大会在意大利罗马举行，会上提出了一个当时全新的理念：终身学习是21世纪的生存概念。如今，智能手机与互联网让我们人人都能轻松地成为终身学习者。

网易引进的“可汗学院”课程，是世界最著名的免费在线课堂之一。其创办人萨尔曼·可汗在《时代周刊》评出的“2012年影响世界百人榜”中位列第四。

这种新兴的教学形式，在网民众多的中国也不断地被开发和更新。2011年4月12日，新浪公司开设了“新浪公开课”。从计算机科学到心理学，从古代历史

萨尔曼·可汗

有一个人想帮助远房的表亲学习数学。由于两人不在同一个地方，他将录制好的教学视频发给表亲学习。后来，这个人把自己录制的教学视频传到了网上，结果大受欢迎。从此一发不可收拾，他陆续录制了2500多段系列视频。他的系列教学视频，让很多人成为了正式的网络学习者，这其中大部分人原本只是因为好奇好玩偶尔看看的。就是这样一个人，他应用网络的创新教育，正在创造着丰富而又充满意义的数字化资源。

大家可能猜到了他的名字——萨尔曼·可汗。

可汗学院创始人

“4A”式学习

学生使用手机学习

“4A”式学习即移动学习，是指任何一个人，无论何时、何地或者以何种方式，都能进行学习和分享。

移动技术及数字化学习技术的广泛应用推动了移动学习的发展。早在2000年，英国伯明翰大学的移动学习研究专家沙尔就指出，先进移动技术正使得数字学习向移动学习转变。诺基亚公司、IBM公司等知名企业，以及哈佛、斯坦福等著名大学都已经参与到了这一进程中。2007年5月，诺基亚公司在中国推出了“行学一族”外语学习软件，它是中国第一个互动在线移动学习服务平台，整合了众多教育和出版机构的学习内容，使边走边学、随时随地学习和交互学习真正成为可能。

到未来科技，新浪公开课都能“信手拈来”。它把来自哈佛、耶鲁、麻省理工等全球顶尖学府的最新公开教育资源放到了网站上，让用户可以随时随地踏入学习的殿堂。

2011年11月9日，由北大、清华等18所知名大学建设的“中国大学视频公开课”免费向社会公众开放。主讲教师既有两院院士，也有国家级教学名师。这些视频公开课中，关于中国古代政治、文化和哲学的课程尤其受欢迎。

3 智能手机——微时代的利器

蓝牙4.0的出现，引发了大量穿戴式传感器的普及。我们的鞋子、眼镜、皮带、手表和衣服上都可以嵌入穿戴式传感器。这些传感器可将生物医学数据（如心率、血压等）、锻炼数据（如步行距离、消耗掉的热量等）及环境数据（如温度、湿度等）传送至智能手机，起到辅助健身、防治疾病等作用。

手机研发者库珀早就说过，未来的“终极手机”是和人工智能结合而成的。智能手机真的会让我们拥有另一个大脑吗？是否有一天，我们的手机也会具有意识，成为持有者的第二个“我”，可以像人一样思考和工作呢？英国萨里卫星技术有限公司的首席科学家利德尔说：“我们将最大限度地发挥手机的功能，在理想情况下，手机可以通过思维进行操控。”无须触摸，无须语音控制，你脑子里想什么手机就会做什么，是不是很神奇？

神奇的穿戴式传感器

生活在移动时代的每一个人，除了享受手机带来的方便和快乐，还应该承担一种责任，即将废旧的手机回收并加以循环利用。仅2008年一年，废弃的手机数

世界上第一部手机

1973年4月，一名男子站在纽约街头，拿出一个体积约有两块砖头大小的无线电话，并在数字键盘上按下了一串号码。“乔尔，你好。我在用一部无线电话和你通话，一部真正的无线电话！”他激动地高喊着。这名男子就是手机的发明者马丁·库珀，而接听他电话的正是库珀长期以来的竞争对手——贝尔实验室的科学家乔尔·恩格尔。库珀那天用的手机原型机重1.1千克，长23厘米，宽4.45厘米，厚13厘米，通话时间只有35分钟，而充电时间却要10小时，仅有拨打和接听电话两种功能。这部手机的诞生意味着无线通信的新时代开始了。

马丁·库珀

量就达2000多万部，这一数字每年还在快速增长。每年被废弃的手机造成了严重的电子垃圾污染。

中国移动从2005年开始，发起了“绿箱子环保计划——废弃手机及配件回收联合行动”。经过回收处理，可从手机中回收到各种宝贵的金属材料，如金、银、钯和铜等，为保护环境作出贡献。

4 “扫”还是“不扫”

2013年3月27日，中央电视台《新闻直播间》播放了名为《二维码暗藏风

植物也有“二维码”

2014年4月，北京植物园推出二维码植物铭牌，游客只要拿出手机对准二维码扫一扫，便可以链接到百度百科，了解该植物的生长习性、形态特征、栽培技术、主要品种以及植物文化等详细知识内容，极大地丰富了植物铭牌提供的信息量。首批悬挂于植物园的二维码植物铭牌涉及园内200个品种约2000株植物。为了保证植物铭牌内容的科学性与严谨性，北京植物园的专家亲自参与了百度百科植物词条的编写工作。

北京植物园的二维码植物铭牌

险,勿“见码就扫”》的报道。随着智能手机的普及,现在不少人都喜欢用手机扫二维码,只要轻轻一扫,就能加微信好友、获取优惠券或者购买电影票等。但手机病毒、恶意程序和钓鱼网站等通过二维码传播的潜在风险也逐步显露了出来。

二维码本身其实并没有病毒。但是,现在有很多制作二维码的软件,可以将病毒和恶意文件制作到二维码的图标里去,只要扫一下这种二维码,就会发生扣话费、手机死机甚至个人信息被盗等情况。针对这些问题,专家提醒大家通过以下手段防骗防破坏:1. 不要用手机扫来路不明的二维码图标。2. 安装杀毒软件,屏蔽绝大部分的恶意链接及软件病毒。

即便如此,全民应用二维码的趋势依然势不可挡。2014年5月,上海街头出现了方便游客如厕的二维码,扫一扫果皮箱上的二维码,就可以知道最近的公共厕所在哪里。2015年的央视春晚,在新浪微博上设立了“红包专场”,观众扫一扫直播画面中的二维码,就可以参与讨论,幸运的观众还可以领到“羊年红包”呢。

“鲜花”二维码

随着“二维码”技术的发展,很多有个性的二维码也应运而生。

“鲜花”二维码:云南野生动物园明星大熊猫思嘉和2万余支康乃馨组成了全国最大的鲜花二维码,可以供游客扫描,以便游客以最快的速度、最便捷的方式了解动物园的相关信息。

“人体”二维码:深圳近2000名学生用手中撑起的伞拼成了一个巨大的二维码,从高空往下看去,这个二维码清晰可用。它链接的是一个旅游环保网站,激发大众对可持续旅游事业的参与热情,吸引更多人共同发展可持续旅游,创造健康和谐美丽生活。

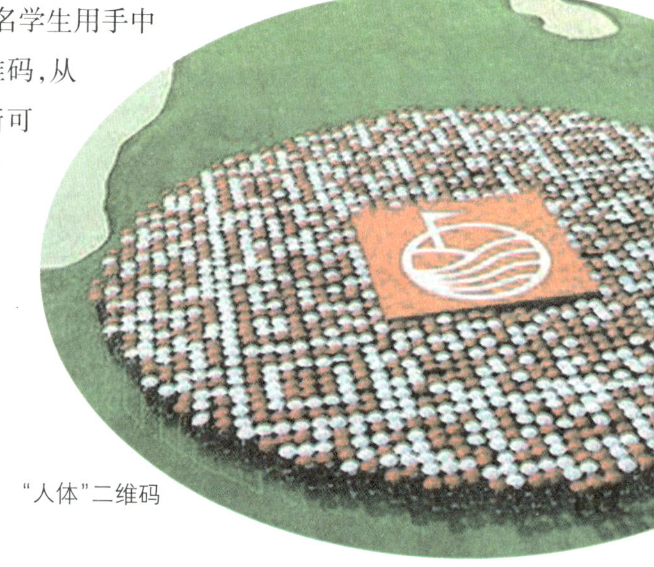

“人体”二维码

二维码

二维码诞生于20世纪80年代的日本，原本是为了追踪汽车零部件而设计的一种条码。它是特定的按一定规律在平面(即二维方向)上分布的黑白相间的几何图形，用于记录数据符号信息。在代码编制上，二维码巧妙地利用构成计算机内部逻辑基础的“0”和“1”的概念，通过图像输入设备或光电扫描设备自动识读，以实现信息自动处理。

二维码以图像的形式保存文本、图像、声音和视频，甚至可执行文件，极大地改变了信息存储、传送和阅读的方式。二维码有许多种类，其中最常见的QR二维码，来自英文Quick Response的缩写，就是“快速反应”的意思。

上海科技教育出版社天猫店的二维码

挑战无极限

以下是两位科技爱好者关于手机的对话，它们会引发你怎样的思考？你准备通过什么方法将你的想法与同学、朋友交流呢？

甲：假如爱迪生来21世纪生活一星期，最让他感到新奇的会是什么？

乙：我想手机会不会让他感到不可思议呢？

甲：我同意，手机是信息时代的一个标志物，称得上是一部掌中电脑，丰富的功能一定会让这位大发明家感到新奇。

乙：手机的广泛应用深刻影响了人们的交往方式、思想情感和观念意识，这或许也是爱迪生意想不到的吧。

2 摩尔定律

凡尔纳是一个伟大的技术发展预言大师，他的《海底两万里》和《八十天环游地球》等科幻小说至今依然很受追捧。人类第一艘远航潜艇的发明者莱克在他的自传中称，凡尔纳是他一生的总指导。无线电报发明者马可尼和首次飞越南、北极的海军上将伯德都将凡尔纳视为他们思想的导师。尽管凡尔纳的预言还停留在文学的浪漫与不确定中，但人类努力探寻未来的脚步从未停止。1965年，在凡尔纳故去60年的时候，又一位预言家预言了人类信息时代的节奏。

坐落在美国硅谷的"英特尔博物馆"有一个特别的展位，它不同于常见的技术

1 摩尔的预言

梅特卡夫是美国得克萨斯大学教授，也是以太网的发明者。他认为：定律的作用就是指出方向，量化发展，并设定发展路线图，人们跟随它，最终预言会变成一个自我应验的事实。

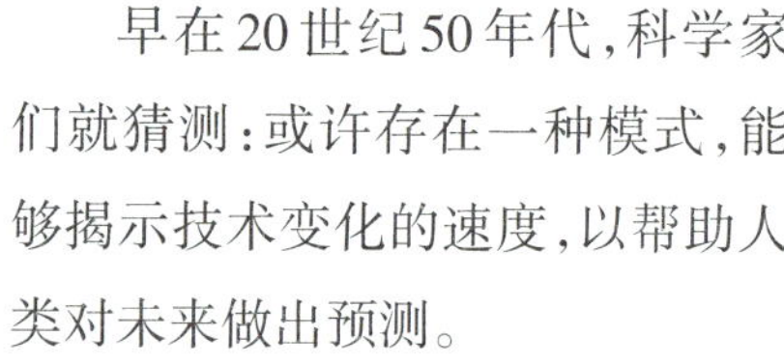

早在20世纪50年代，科学家们就猜测：或许存在一种模式，能够揭示技术变化的速度，以帮助人类对未来做出预测。

摩尔

摩尔定律的提出过程其实很简单。1965年的某天，摩尔在准备一个关于计算机存储器发展趋势的报告。当他整理了一些资料，开始分析数据、绘制图表时，发现了一个有趣

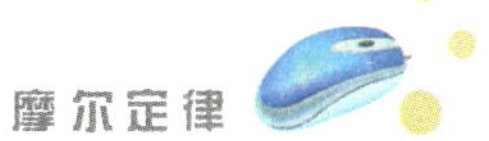

发明和工具创造，这个不能以实物形式展出却渗入整个人类生活的展品，实际上是一个观念或一个判断，它就是“摩尔定律”。

且惊人的现象：每个新芯片大约包含其前任两倍的容量，并且每个芯片的产生都是在前一个芯片产生后的12个月左右。如果这个趋势可以继续的话，计算能力相对于时间周期将呈指数式上升。这便是摩尔定律最初的原型。摩尔将之发表在当年美国《电子学》杂志35周年专刊上。时年36岁的摩尔预言：集成电路上可容纳的晶体管数，每隔12个月左右会增加一倍，微处理器性能也会提升一倍。不久之后，他离开仙童半导体公司，成为世界上最大的半导体公司英特尔的创始人之一。

晶体管，听起来不像是什么有趣的东西。但1965年摩尔提出的这个想法，符合当时的数理统计规律，并迅速得到大家的认可。后来，这个规律不断被引述，逐渐形成了主流观点，只是时间被稍稍修正为

Intel 4004

摩尔定律的定义

摩尔定律的定义归纳起来，主要有以下三种版本：

1. 集成电路芯片上所集成的晶体管数目，每隔18个月增加一倍。
2. 微处理器的性能每隔18个月提升一倍，或价格下降一半。
3. 每1美元所能买到的计算机性能，每隔18个月增加一倍。

以上几种说法中，第一种说法最为普遍，而第二、三两种说法在翻倍的周期这一点上也是共同的，即都是18个月。至于翻倍的是芯片上所集成的晶体管数，还是微处理器的性能，或是每1美元所能买到的性能，则只是表达角度的不同罢了。

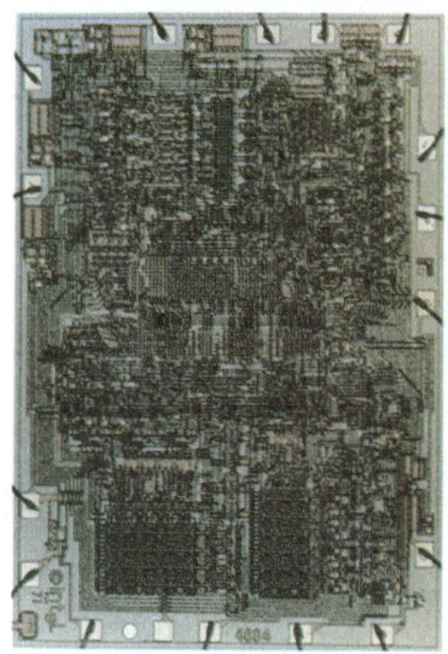
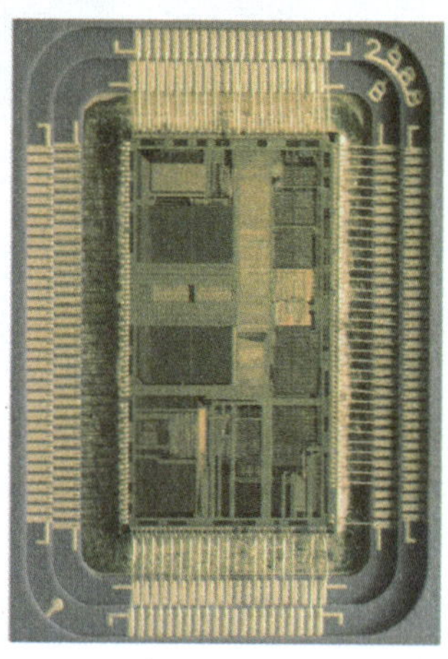

芯片内部放大图像（左图为Intel 4004、右图为Intel 80486）

Intel酷睿i7

“每隔18个月”。人们把这个规律称为摩尔定律。

摩尔定律见证了信息技术硬件设备的发展。比如，英特尔博物馆陈列着诞生于1971年的Intel 4004芯片，上面集成了2250个晶体管。踩着摩尔定律的鼓点，它的升级版呈现了人类经验难以理解的新世界：在相同面积的芯片上，可以集成数亿个晶体管，如在

Intel酷睿i7芯片上有超过7亿个晶体管。可以想象，在这么小的芯片上容纳上亿个晶体管，需要多么精密的技术呀！

摩尔定律的理念还被应用到磁盘存储器等技术上，推动了硅谷之外世界各地的技术创新。在摩尔定律起作用的时代，人们预测技术工具的未来变得更加自信、确定和具体。

2 尊重定律，预见成功

摩尔定律归纳了信息技术进步的速度，带动了芯片产业的快速发展。它预言了20世纪70年代以来的信息技术产业技术革新，不仅影响了信息技术中芯片产业的发展，也扩及整个电子产业。快速、求新、求变，成了信息技术产业的生存法则。一个核心部件的发展本身带动的是一连串技术系统的演变，每一次的演变都是一次技术的更新。从昔日的仙童半导体公司，到今天的英特尔、英伟达公司等，信息技术产业围绕摩尔定律的竞争依然非常激烈。

1993年时，英伟达公司是全球唯一直接面向消费者的3D图形公司，主产显示芯片。在随后的几年里，3D图形公司增加至200多家。但时至今日，英伟达公司仍然是电脑图形公司的领跑者。那么，英伟达公司是怎么做到的呢？公司首席执行官黄仁勋说出了其中的缘由：

“原因只有一个，这与我们对市场的预见能力有关。在硅谷，我们认为摩尔定律与其说

英伟达公司

英伟达公司首席执行官——黄仁勋

未来学家

我们要想象人类在7年、10年甚至15年以后需要什么样的产品，这样我们就能规划接下来生产什么。所以，我们需要眺望未来，确保15年后能生产出更棒的产品。

——英特尔公司首席未来学家布朗

布朗

曾经，对未来的思考属于特定的机构和有限的人群。如今，未来学家已经成为企业必需的岗位。曾经，人类对未来的判断是畅想和“幻想”，而今天，未来是真切而具体的行为。人们对今天的掌控多少取决于对未来的把握。

普通人正在畅想哪些事物能够与互联网连接以获得期待的智能，未来学家布朗已经在思考哪些事物将无法与互联网连接。因为，在他的眼里，未来不能联网将成为特例，而连接将成为普遍。

是一条技术发展定律，还不如说是一条竞争定律，是向工程师提出挑战的定律，是决定发展速度的定律。我们发现的第一件事就是3D图形技术的不足，我们依赖摩尔定律对3D图形技术的未来作出了独特预见，使我们的图形处理技术越来越成熟。对技术的持续研发和创新，是我们赢得未来的保证。”

20世纪90年代初，北京电子管厂连续多年亏损，35岁的王东升临危受命，出任该厂的厂长。在激烈的行业竞争中，王东升提出了与“摩尔定律”相似的半导体

王东升

显示企业“生存定律”：若产品的价格不变，产品性能必须每36个月提升一倍以上，否则就会被市场淘汰。王东升说：“别人要6个月开发出来的产品，我们争取用3个月就开发出来，那样才有竞争力。”在这一“生存定律”的指引下，一年后北京电子管厂便实现扭亏为盈，2000年在A股上市，2015年实现了专利申请量、高性能超大尺寸产品市场占有率等五个“世界第一”，引起国内外广泛关注。

王东升的团队多年坚持生存定律要求，后发优势显现。生存定律已被国际同行公认为是半导体显示领域的“摩尔定律”，并称其为“王氏定律”。

摩尔本人有句口头禅——改变是我们终身的热爱。不管哪个领域的摩尔定律，其实只是一种愿望和要求，并不是自然规律。它的持续有效需要一批又一批人的不懈奋斗。如今，摩尔定律开启的创新精神无处不在，它正改变着技术行业乃至整个世界。

3 佩奇的点子

人们从摩尔定律中得出一个推论：现在看似不可能发生的事情经过持续的努力就有可能会实现。实际上，在摩尔的预言公之于世后，任何人都可以通过一些简单的工具发现每一代产品的计算能力较之前得到了快速发展。因此，摩尔定律不仅影响着技术的发展，也对商业和生活带来了影响。

佩奇

佩奇出生于1973年，在美国密歇根大学的校园中长大，父母都是计算机科学家。他在成长过程中不断见证着摩尔定律的应验。在他的眼中，计算能力的飞速提升是一件理所当然的事。在斯坦福大学读研究生时，佩奇

就想到了利用互联网的链接大幅改进搜索系统。

布林

然而，很多人却对此提出了质疑，认为要实现佩奇大胆的想法需要检索斯坦福大学内的所有服务器，这将是一个非常艰难的任务。但佩奇坚信未来的技术会更强大，成本也会更加低廉，通过复杂的数学分析抓取网页链接，在1秒之内找到关键词搜索的所有页面不再是什么难事。

佩奇的合伙人布林认同他对摩尔定律非线性增长的观点，布林编写了抓取链接的数学分析。这两名研究生通过大规模计算实现对所有链接的分析，他们创立的谷歌公司开创了搜索引擎历史上的新局面。佩奇和布林把看似不可能完成的任务变成了现实，因为他们相信，“未来有新的可能”，完全可以利用网络整合全人类的知识，并回答人们各种各样的问题。

佩奇自己得出了摩尔定律的一个变型：

计算机性能和储存能力的高速增长 + 同时发生的成本大幅下降 = 没有理由不去追求宏大的目标。

4 “摩尔定律”下的计算危机

这么多年来，芯片容纳的晶体管数越来越多，且一直沿着摩尔定律的规律每隔18个月左右增加一倍。有人会想，这个数不可能总翻倍吧，总有“翻不动”的时候。我们不禁要问，摩尔定律到底还能坚持多久呢？

其实，如今的芯片制造，已经碰到了各种各样的障碍。晶体管数再想翻倍，恐怕已经比较难了。具体有哪些障碍呢？主要有以下几点。

问题一：晶体管大小的限制

随着晶体管数不断翻倍，晶体管只能做得越来越小，但它不可能一直小下去，总有一个尽头。其实，英特尔公司的工程师们早就已经碰到了这个问题。1999年，英特尔公司制造晶体管的栅极长度为180纳米，到2011年，这个数值迅速降到22纳米。工程师们不禁感叹：“如果晶体管仍然持续不断地变小，它们很快就会变到一个原子那么大了。”任何纳米管和传统工艺，都对这种情况没有办法，所以

“摩尔第二定律”和“新摩尔定律”

摩尔定律提出30年后，集成电路芯片的性能得到了大幅度的提高。但另一方面，英特尔公司高层人士开始注意到芯片生产的成本也在相应提高。1995年，英特尔董事会主席诺伊斯预见到摩尔定律将受到经济因素的制约。同年，摩尔在《经济学家》杂志上撰文写道：“现在我最为担心的是成本的增加，这是另一条指数曲线。”他的这一说法被人称为“摩尔第二定律”。

近年来，在中国IT专业媒体上又出现了一种“新摩尔定律”，它指的是中国互联网主机数和上网用户人数的递增速度，大约每半年就翻一倍。专家们预言，这一趋势在未来若干年内仍将保持下去。

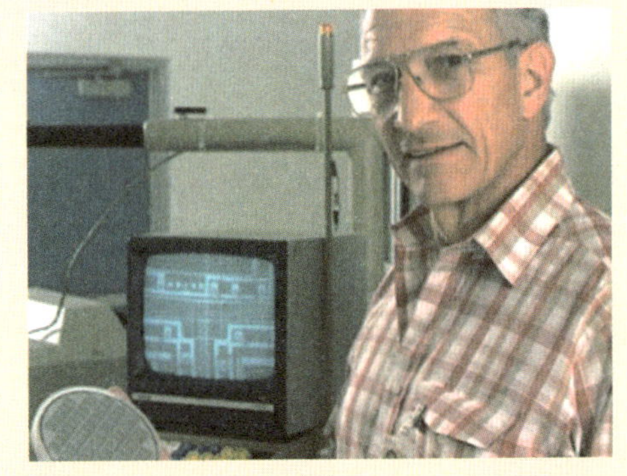
诺伊斯

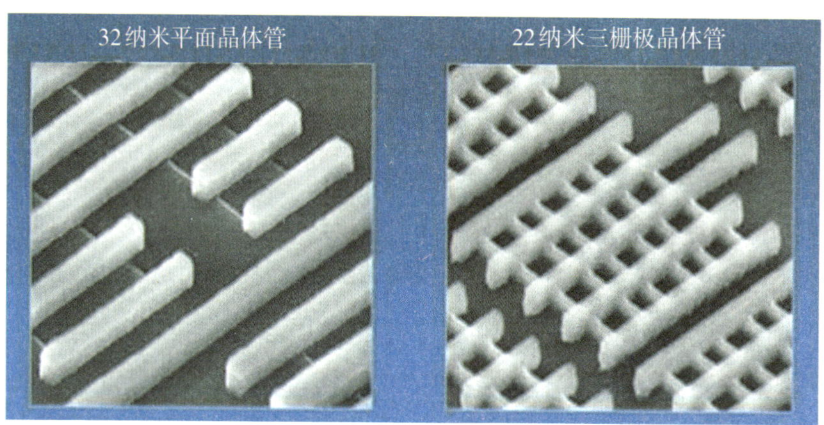

晶体管的大小是对摩尔定律非常严重的限制。

问题二:电泄漏

随着晶体管体积的不断缩小,晶体管电泄漏现象也越来越严重。电泄漏会极大影响晶体管的状态,从而影响整个芯片的计算能力。

微星芯片散热器

问题三:散热

随着晶体管密度和速度的提升,晶体管消耗的电力越来越多,产生的热能也随之增多,这是工程师必须面对的一个大难题。如果把芯片做大些,获得更大的

表面积以冷却芯片，但这需要更高的电压驱动芯片运转，又会产生更多的热能，反而使这个问题变得越来越严重。

随着晶体管数的持续增加，摩尔定律是否会失效呢？如果摩尔定律失效，计算机又该怎样发展呢？人们对计算能力的需求仍然在不断地增长，如果计算机的计算能力不能再提高，这是人类发展无法接受的。所以，我们必须要考虑全新的计算理论和计算模式。

挑战无极限

1. 除了摩尔定律，还有哪些可以说明当代科学技术的进步与发展日新月异的例子？

2. 你能否根据自己的学习或生活经历，提出一个以你自己的名字命名的定律呢？

3 数字地球

卡鲁雄峰位于西藏南部地区，海拔6674米，景色优美且雪线较长，攀爬难度适中，非常适合登山爱好者做登山训练。

2010年，北京大学山鹰社登山队的19名登山队员于7月15日正式出发，前往卡鲁雄峰。经过艰辛的跋涉，16名登山队队员29日上午完成登顶。顺利登顶的队员在山顶举行登顶汇报仪式，通过携带的卫星电话向学校领导、队内留守人员等告捷，详细汇报了当天冲刺顶峰的情况和登顶后队员的身体状况。

1 驻伊部队遭遇“暗算”

2006年年底，驻扎在伊拉克的英国陆军士兵非常紧张，他们几乎每天都会遭到迫击炮弹的袭击。武装分子从6千米以外的地方向陆军营地发射炮弹，而且命中率越来越高。有一名英国士兵阵亡，多名士兵受伤，驻伊英国陆军总指挥部所在地也遭到一枚迫击炮弹的袭击。

英国陆军对伊拉克武装分子的藏匿之处进行了一系列袭击，当士兵们冲进这些建筑物时，他们惊讶地发现，武装分子从谷歌地球上下载了大量的卫星地图，并打印出来。从这些照片上，可以看到驻伊英国陆军基地内的帐篷、停车场、厕所，甚至还可以看见坦克所留下的履带印。在一组酒店照片的背面，武装分子标出了该酒店精确的经纬度，而这家酒店正是英国陆军总指挥部所在地。

武装分子利用谷歌地球和其他网上地图导航工具来获取有价值的军事情报。这些图像与GPS（全球定位系统）设备获取的地理定位信息配合使用，大大提高了炮弹的攻击精度。与精确制导系统相比，这是一种简单有效的土方法。

在高寒、低压等恶劣的环境下，卫星电话保证了所有登山队员能够随时与外界通信联系。通过卫星建立起的数字化信息系统，使得我们的地球成为一个数字地球。

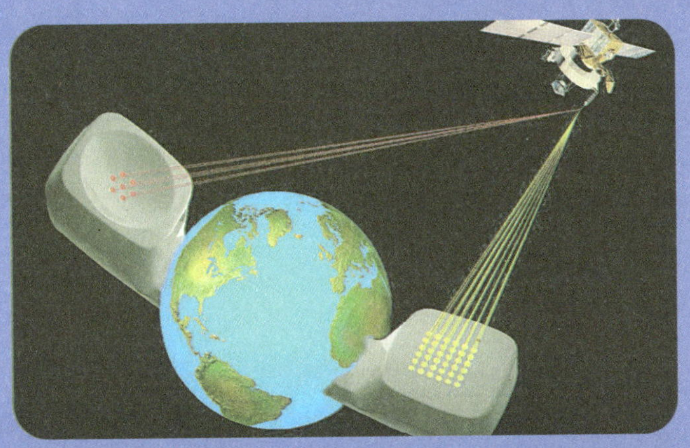

受到武装分子攻击的英国士兵，当听到敌方使用从谷歌地球得到的信息来校准炮火的消息时，感到非常气愤，甚至准备起诉谷歌公司，指控其无形中在帮伊拉克武装分子做情报侦察。

英国军方与谷歌公司进行交涉，要求对英国驻伊军事基地的照片进行遮盖。经过谈判，英国军方说服谷歌公司相信这些图片有助于武装分子发动袭击，并最终同意对驻伊英军基地的图片进行模糊化处理。

目前，全球有数亿人在使用谷歌地球服务。比如，教师用它来给同学们上地理课，记者用它来图解新闻线索的发源地，旅游爱好者用它来确定外出旅游路线……谷歌地球让我们进入了人人都能做“侦探”的时代。

谷歌地图高清航拍图像

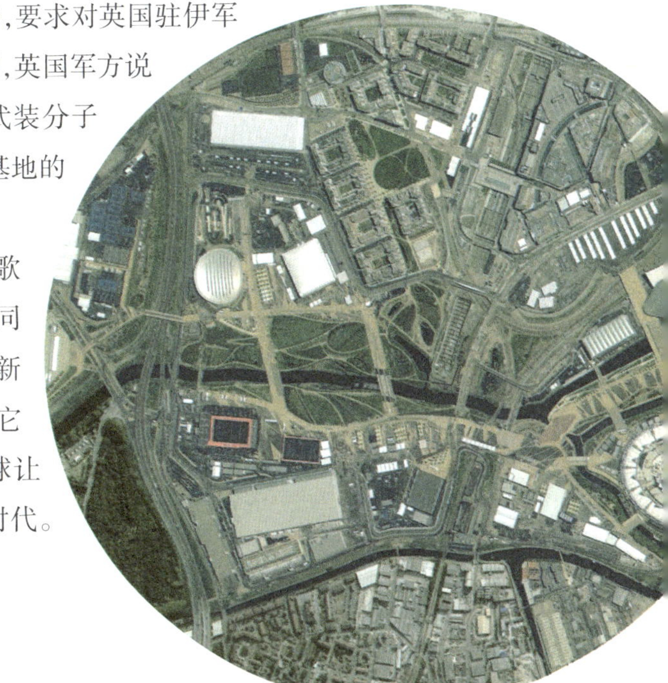

地球由我"掌控"

谷歌地球是一款由谷歌公司开发的卫星图片浏览软件，其信息覆盖全球，成为有史以来最为成功的网络地图服务工具。用户能够迅速在卫星图像上确定目标位置，并可灵活地对图像进行缩放。谷歌地球采用高清晰度的3D技术，描绘出了世界各地的城市、山脉、河流、海洋，甚至是太空，并显示相关信息。用户既可以探索丰富的地理内容，储存游览过的地方，并与朋友进行共享；又可以观看太空、银河和星群，体验"坐地日行八万里"的超酷感觉！这种免费版软件的信息量相当庞大，景点、小区甚至加油站都能找到。如果付费，还可得到分辨率达0.6~1米的卫星照片，几乎超过了2005年时军用侦察卫星的水平。

谷歌地球

2 数字地球概念由来

1998年1月31日，时任美国副总统戈尔在加利福尼亚州科学中心所作的演讲中提出一个新概念——数字地球。在演讲中，戈尔详细描述了数字地球的未来用途。

使用数字地球系统，人们可以通过头盔显示器看到就像飘浮在空中的地球；使用"数据手套"，可以放大景物，伴随着越来越高的分辨率，会看到大洲、大区域、国家、城市，甚至是房屋、树木以及其他各种物体；在发现自己特别感兴趣的某个地方时，可以乘上“魔毯”，即通过地面三维图像显示去深入查看。此外，还可以访问有关土地覆盖、植物和动物种类分布、实时气候、道路、行政区划及人口等方面的文本信息。

戈尔

通过数字地球系统，人们不仅可以跨越不同的空间，也可以在时间线上奔驰。如果你去参观卢浮宫，可以先在巴黎作一番虚拟旅游，再通过细读重叠在数字地球表面上的数字化地图、时事摘要、传说、报纸及其他第一手材料，回到过去，了解法国历史。你可以把其中一些信息传送到自己的电子邮箱里，方便以后再阅览。这条时间线可追溯到很久远，可以是数日、数年、数世纪，甚至是地质纪元。

戈尔的描绘为我们勾勒出一个诱人的数字地球景象，真实地球变成了一个虚拟地球进入了陈列室，普通老百姓，甚至小孩子都能方便地获得自己想了解的有关地球现状和历史的信息。

谷歌地球法国埃菲尔铁塔底部高清图像

数字地球

数字地球是一个开放的、复杂的巨系统，它是以信息高速公路为基础、以空间数据基础设施为依托的全球性信息综合体系。

我们可以从以下方面理解数字地球。

1. 数字地球是将地球上各种形式的数据按照统一的规范和坐标储存，建立起一个完整的信息系统。它是一个由多分辨率、多时态、不同形式的数据组成的无缝数据仓库。其数据主要来源于对地观测系统。

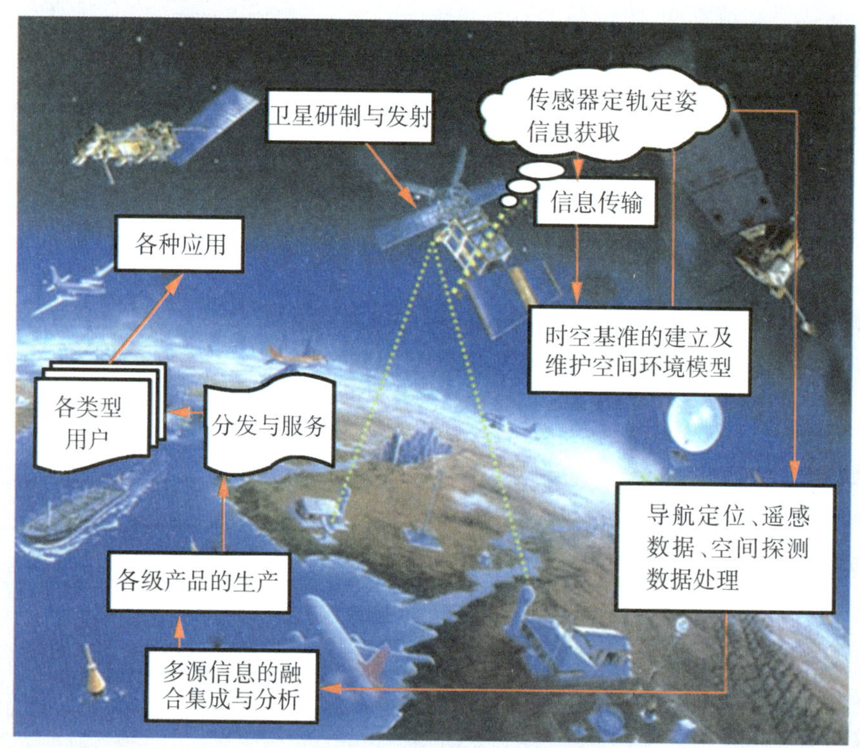

数字地球

2. 数字地球是虚拟的地球。虚拟现实技术已经在国防、防灾、模拟工程设计、工程建设等方面得到了广泛的应用。运用虚拟现实技术建立数字地球的虚拟网络终端，通过真三维显示和模拟技术，为人类研究整个地球环境、观察自然、虚拟旅游等提供了基础。

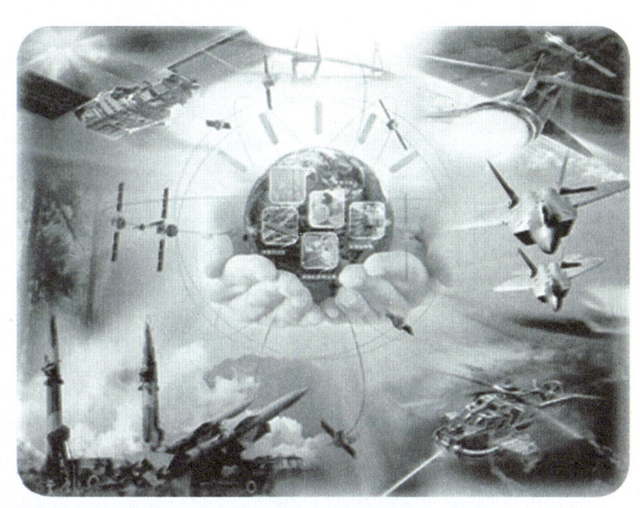

3. 数字地球以交互操作的形式，为人类的科学研究、生产、生活提供服务。随着分布式空间数据库技术、互操作技术、地理信息系统技术和宽带网络技术的发展，人们可方便地通过数字地球进行信息查询、处理和分析等各种操作。

3 处处都有数字地球的身影

数字地球让我们的交通变得更方便。通过数字地球的智能运输系统，驾驶人员可实时选择交通方式和交通路线；交通管理部门可以科学地进行交通疏导、控制和事故处理；运输部门则可随时掌握车辆的运行情况，进行合理调度。智能运输系统能使路网上的交通流运行处于最佳状态，改善交通拥挤和阻塞，最大限度地提高路网的通行能力，提高整个公路运输系统的机动性、安全性和生产效率。

在现代化战争和国防建设中，数字地球具有十分重大的意义。建立服务于战略、战术和战役的各种军事地理信息系统，并运

数字地球飞入了农民家

中国是一个人口众多、土地资源有限、自然灾害频繁的国家，解决好十几亿人口的吃饭问题始终是头等大事。洪灾、旱灾、土地荒漠化加剧等不断侵蚀着农耕用地，引起社会各界的广泛关注。数字地球在加强土地资源、水资源监测和保护的同时，也在对自然灾害特别是洪涝灾害的预测、监测和防御等方面发挥着重大的作用。

依托数字地球，可以定时获得庄稼地的高分辨率卫星影像，农民在计算机网络终端上可以从影像图中获得农田的长势情况，通过GIS进行分析，制定出行动计划，然后在车载GPS和电子地图指引下，实施农田作业，及时预防病虫害，把杀虫剂、化肥和水用到刀口上，不让化学残留物污染土地、粮食或者种子，实现真正的绿色农业。

航拍农田

用虚拟现实技术建立数字化战场，是数字地球在国防建设中的应用之一，它包括了地形地貌侦察、军事目标跟踪监视、飞行器定位、导航、武器制导、打击效果侦察、作战指挥等方面。

随着“三S”技术(全球定位系统GPS、遥感系统RS和地理信息系统GIS)的发展，数字地球将对社会生活的各个方面产生更大的影响。

4 “科学和商业”平台

近年来，世界上很多国家和机构研发了一系列可共享的数字地球系统，这些平台系统主要可分为科学系统和商业系统两种。

WorldWind是美国国家航空航天局开发的一个数字地球平台，它可以让你以

数字地球的技术体系

数字地球将有关地球上每一点的信息，按地理坐标加以整理，然后构成一个全球的信息模型。人们可以快速、形象地了解地球上的任何一点、任何方面的信息，实现“信息就在指尖上”的梦想。通俗地讲，就是用数字的方法将地球、地球上的活动及整个地球环境的时空

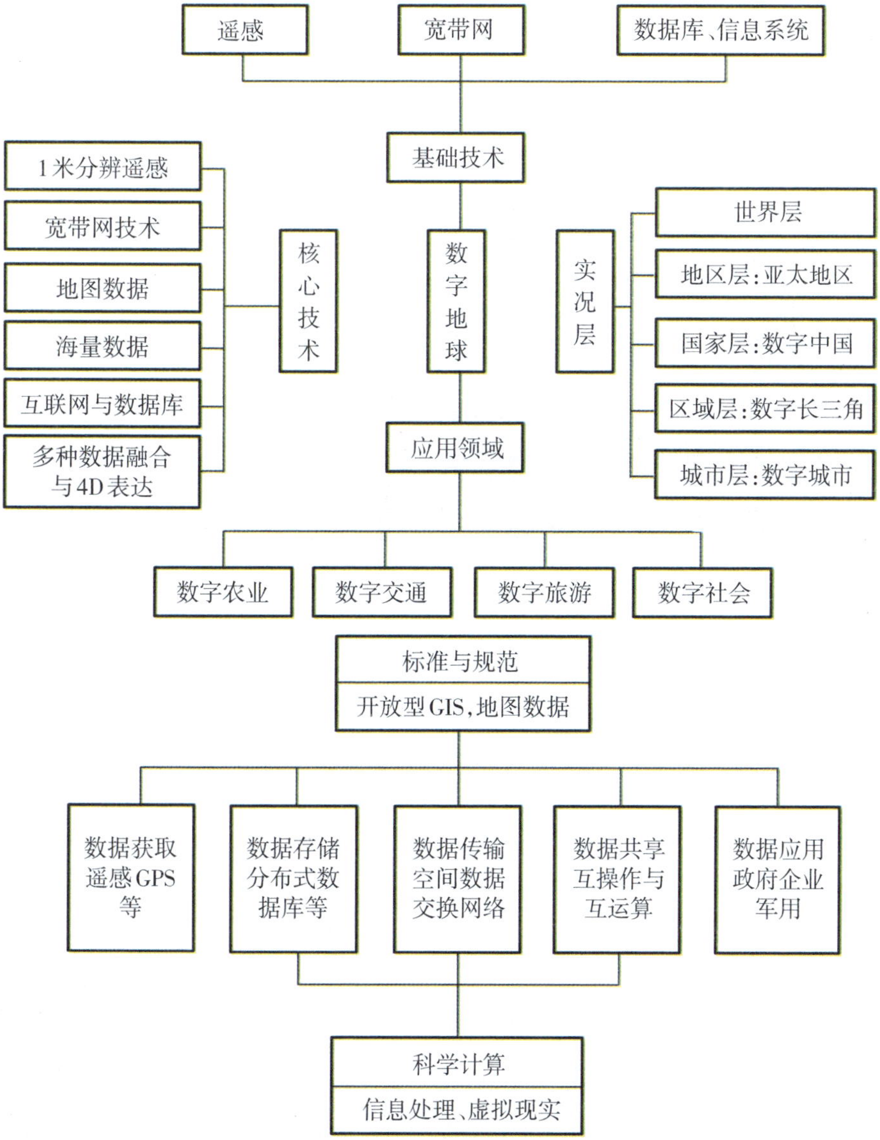

遥感
宽带网
数据库、信息系统
基础技术
1米分辨遥感
宽带网技术
地图数据
海量数据
互联网与数据库
多种数据融合与4D表达
核心技术
数字地球
实况层
世界层
地区层：亚太地区
国家层：数字中国
区域层：数字长三角
城市层：数字城市
应用领域
数字农业
数字交通
数字旅游
数字社会
标准与规范
开放型GIS，地图数据
数据获取 遥感GPS等
数据存储 分布式数据库等
数据传输 空间数据交换网络
数据共享 互操作与互运算
数据应用 政府企业军用
科学计算
信息处理、虚拟现实

变化装入电脑中，实现在网络上的流通，并使之最大限度地服务于人类的生存、可持续发展和日常的工作、学习、生活、娱乐。

实现数字地球不是一件简单的事，它需要诸多学科、特别是信息技术的支撑。其中主要包括：信息高速公路和计算机宽带高速网络技术、高分辨率卫星影像、空间信息技术、大容量数据处理与存储技术、科学计算及可视化和虚拟现实技术。

WorldWind

丰富的三维视觉体验地球的地貌，身临其境地访问世界上任何位置。美国国家航空航天局把它作为一个开源的程序发布，透过其他研究者和用户的观点及需要来改进它。

澳大利亚“玻璃地球”计划是让大陆地表以下1千米的深处及发生于其中的地质过程变得“透明”。“玻璃地球”计划的预期成果是建立模拟澳大利亚地质构造的四维地质模型，并验证这些模型与实际资料的近似程度，最终用于对潜在的成矿区进行客观预测。

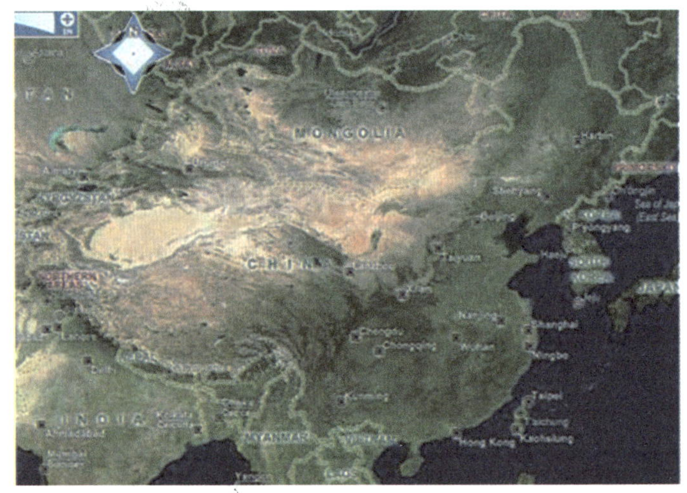

MSN虚拟地球

2005年谷歌地球将数字地球推向一个新的高潮，给国际社会带来空前的震撼。谷歌公司充分利用其功能强大的搜索引擎和遍布世界各地的网络服务体系，实现互

中国的数字地球原型系统

目前，中国科学工作者也在对数字地球系统进行深入的研究和开发。由中国科学院对地观测与数据地球科学中心推出的数字地球原型系统由基础框架、关键技术和领域应用3个部分组成。第一部分为数字地球理论模型与技术框架；第二部分涉及空间信息处理、空间数据仓库、虚拟现实、网络计算等关键技术；第三部分是在不同空间层次和不同领域的应用。

该系统形成了一套以国家和行业标准为参照的综合集成规范，确保整个系统的无缝衔接，是一个水平先进、可靠性强、开放度高的大型空间信息资源共享平台。该系统展示了在全球、全国和区域3个不同层次不同程度的应用结果，在军事、文化、经济等领域有着重要的价值。

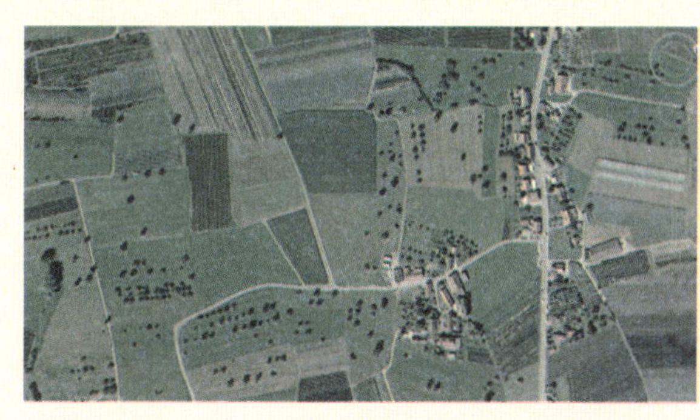

数字地球原型系统

联网下基于海量遥感数据的自由浏览、查询、测量、路径分析、定位服务等功能。同年，微软公司推出了一种面向网络的3D地图搜索服务——MSN虚拟地球。

挑战无极限

1. 尝试用一种数字地图，在上面标出你想去的旅游景点，计算出出发点和目的地之间的距离，收集景点当地风土人情、气候资料等，制定一份详细的出游计划书。

2. 学用两种软件俯视我们的地球，结合学过的地理知识，查看不同地质地貌，总结并比较它们的表现特点。

4 身边的“云”

国庆放假，张老师回老家探亲，与家人闲聊时，张老师的父亲突然想起了什么，对张老师说：“上次你回来，我让你整理族谱的事情是否做好了？如果整理好了，就印刷一些，发给亲戚们。”

张老师说：“已经做好了，我把它传输到‘云盘’里，通过‘云’与大家共享了。”

张老师的父亲惊讶地看着他，说道：

1 “云”之初生——养马人的“Google 101”计划

云计算创始人、谷歌“云”计划负责人比希利亚，有着一头金色长发和削瘦高挑的身材。当这位年轻帅气的程序员加盟谷歌公司的时候，可能谁也没有想到，日后他竟然会点燃云计算革命的导火索。

谷歌公司商标

比希利亚生于1980年，在学校里，他没完没了的提问和飞快的学习进度惹恼了老师。为了避免挫伤小比希利亚的积极性，父母把他带回家，在家中给他上课。比希利亚说，那段时间他虽然失去了很多小伙伴，但是学会了如何成为一个会创新的人。他对冰岛野马兴趣浓厚，于是在16岁时投身到养马行当。渐渐地，他学会用计算机为他的养马事

比希利亚

业做网页。后来，比希利亚断定计算机比养马更有前途，因而报考了华盛顿大学，选修诸多学科，包括数学、物理学和计算机等。

比希利亚大学毕业后，加入了谷歌公司，担任软件工程师。工作一段时间之后，有一个想法在比希利亚头脑中形成：“能不能把数字化的工作从一台独立的计算机转移到一组联网的计算机上呢？如果可以实现，那用户就能更快地处理数据了。”但问题是，当时计算机业界还没有这种以网络为基础的计算能力。

施密特

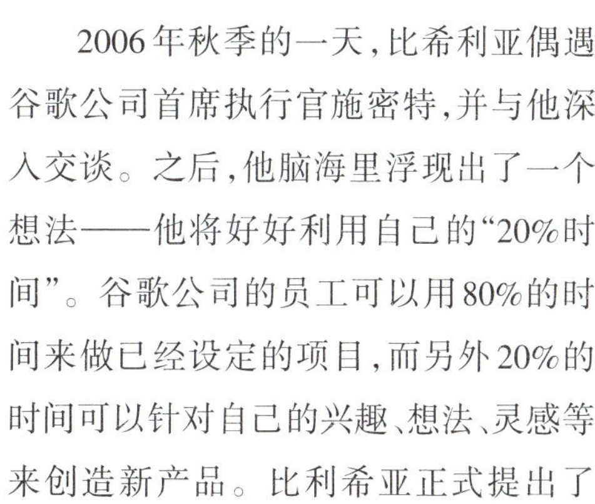

2006年秋季的一天，比希利亚偶遇谷歌公司首席执行官施密特，并与他深入交谈。之后，他脑海里浮现出了一个想法——他将好好利用自己的“20%时间”。谷歌公司的员工可以用80%的时间来做已经设定的项目，而另外20%的时间可以针对自己的兴趣、想法、灵感等来创造新产品。比利希亚正式提出了

《福布斯》全球顶级聪明榜

2010年,《福布斯》杂志评选出全球科技界50位最聪明的人。让我们看看在美国人眼里,科技界最聪明的人都是谁。

最聪明的CEO　乔布斯(苹果公司CEO)

最聪明的分析师　米克(摩根士丹利公司分析师,成功发掘了易贝、亚马逊、雅虎等互联网公司)

最聪明的工程师　比希利亚(Cloudera公司联合创始人,云计算研究领先者)

最聪明的科研人员　波伊德(微软公司社交网络专家)

最聪明的投资者　布雷耶(Accel Partners公司)

最聪明的科学家　莫里斯(IBM公司研究部门副总裁)

最聪明的管理人员　布拉德利(惠普公司个人系统部门副总裁)

最聪明的设计师　伊夫
(苹果公司工业设计副总裁)

最聪明的技术
融合者　卡梅隆
(《阿凡达》导演)

最聪明的创
始人
扎克伯格
(Facebook
CEO)

华盛顿大学

“云”的概念，并设想在他的母校华盛顿大学启动一门课程，着重引导学生们进行“云”系统的编程开发。他主导的这个项目称为“Google 101”。

比希利亚购买了价位适中的40台计算机，组成一组集群。2006年11月10日，排成阵列的计算机集群出现在华盛顿大学计算机科学学院的教学楼里，它标志着“Google 101”计划正式启动。谷歌公司的目标是用一年时间，将“云计算”扩展到全美的多所大学，之后在全球部署。2007年10月，谷歌公司与IBM公司联合宣布，在华盛顿大学、加利福尼亚大学伯克利分校、斯坦福大学、麻省理工学院、卡内基·梅隆大学及马里兰大学等6所国际知名高校启动“云”计划，为他们提供在大型分布式计算系统上开发软件的课程和支持服务，帮助学生和研究人员获得开发网络级应用软件的经验。

正是因为比希利亚对云计算的贡献，他入选《商业周刊》2009年度最优秀年轻科技企业家榜单，并被《福布斯》杂志评为全球最聪明的工程师。

2　揭开“云”面纱

我们每天都要用电，但并不是家家自备发电机，电是由发电厂集中提供的。我们每天都要用水，而水是由自来水厂集中提供的。这种模式极大地节约了资源，方便了我们的生活。那么，我们可不可以像使用水和电一样使用计算机资源？

2011年1月，美国国家标准与技术研究院公布了云计算的定义：云计算是一种支持以随时、便利、按需方式，通过网络访问可配置的计算资源共享池（如网络、服务器、存储、应用与服务）的计算方式。这些计算资源可以快速提供与释放，使管理工作及与服务提供商的交互减少到最低程度。

云计算模式显著提高了资源的可用性，它具有5项基本特征：按需自助服务、宽带网络访问、资源共享池、快速扩展及收缩、计量付费服务；有4种部署模式：公共云、私有云、混合云、社区云；还有3类服务模式：软件即服务、平台即服务、基础设施即服务。

云计算的技术基础

云计算是并行计算、网格计算和效用计算的发展，或者说是这些计算机科学概念的商业实现。

并行计算是在串行计算的基础上演变而来的，它努力仿真自然世界中一个序列含有众多同时发生的、复杂且相关事件的事务状态。

网格计算即分布式计算，是由多个机构的不同服务器构成的一个虚拟组织，为用户提供强大的计算资源。

效用计算是一种基于计算资源使用量付费的商业模式，用户从计算资源供应商处获取和使用计算资源，并按实际使用的资源量付费。在效用计算中，计算资源被看作是一种计量服务，就像传统的水、电、煤气等公共设施一样。

云计算萌芽于并行计算，单个任务要求的计算能力小于并行计算，因此，云计算对计算机中央处理器的占有率要小得多。

并行计算

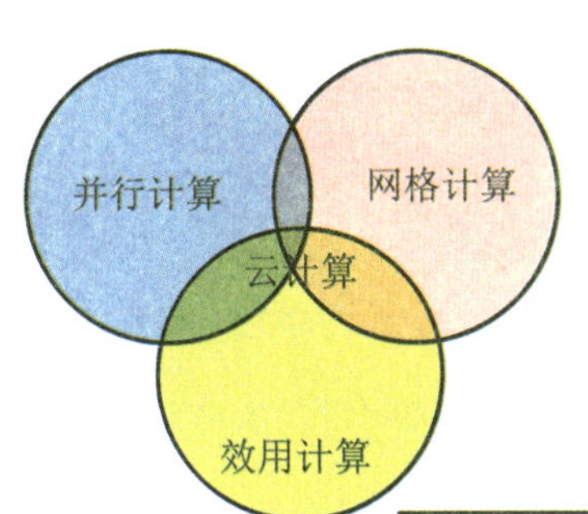

网格计算强调的是由多个机构的不同服务器构成一个虚拟组织；云计算更强调在某个机构内部的分布式计算资源的共享。

网格计算

云计算以服务的形式提供计算、存储、应用资源，这一思想与效用计算非常类似。

效用计算

谷歌“云计算”前身

谷歌公司的创始人布林和佩奇在斯坦福大学读书时就与他们的导师密切协作，希望能找出一种办法，从海量数据中提取所需信息。随着研究的深入，布林和佩奇决定研发一个软件，通过该软件能快速搜索网页。

为了提高搜索效率，布林和佩奇建立了服务器网络。他们把自己组装的服务器连在一起，“拼成”了一台超级计算机。通过集成和连接便宜的服务器，就可以做出性能优越的计算机处理系统。谷歌公司在软件系统中研究出了一种新型运算模式，实现了高性能运算，这就是人们现在所称的云计算。

3 身边的“云”

“云书包”是计算机网络通信技术发展到云计算时代和物联网时代的产物。云书包主要有两个特点：第一是把书包的实体放到“云”上，让学生的肩膀减负；第二是使教育工作者的注意力能集中于教学资源开发、教学工具选择、信息化学习环境等。

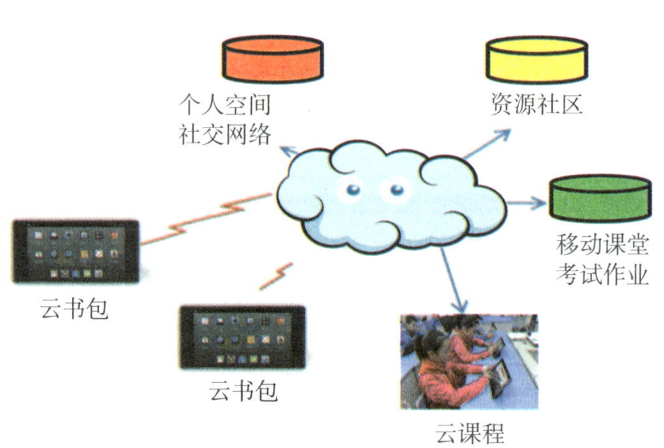

在云计算时代，用户只要有网络、有终端（包括个人计算机、手提电脑、平板电脑、智能手机等），就能够使用终端享用“云”上提供的各种“云服务”，而不必知道这些服务来自何方。因此，云书包在技术上是可行的。

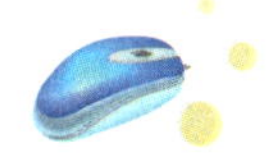

技术发展为教育创新提供了无限的可能性。为了减轻中小学生肩上过重的负担，我们可以丢掉实体书包，把书包架构在“云”上，使学生、教师、家长或管理者只要在有电脑、能上网的地方，就能“拿出”书包里的资源开展学习。

云盘

云盘是指通过互联网为用户提供信息储存、读取、下载等功能的网络存储空间。相对于传统的实体磁盘，云盘的信息管理方式更方便和快捷。在网络畅通的情况下，用户只要通过网络即可轻松从云端读取自己所存储的信息，避免了实体磁盘(尤其是空间较大的存储硬盘)携带的不便。当前，已有很多知名的网络服务商提供免费的云盘服务。

当然，在使用服务商提供的网络云盘时，大家也要知道，相关信息是存储于服务商提供的存储空间里，服务商在对云盘管理中，可能存在数据丢失、信息泄露、文件损坏等不安全因素。

4 时而脆弱的"云"

2011年2月27日，谷歌公司"Gmail"邮箱服务出现故障，部分用户发现自己的所有邮件和聊天记录被删除，标签和联系人等个人信息不翼而飞。

2011年8月7日，闪电击中亚马逊公司爱尔兰都柏林数据中心附近的变压器，引发数据中心"宕机"(即计算机出故障而死机)，进而导致其EC2云计算平台停止运转，采用该服务的多家网站长时间关闭。有数据表明，美国最大的网络电子商务公司亚马逊2010年的年收入近270亿美元，这意味着一旦其整个网站"宕机"，亚马逊公司的损失为每分钟5.14万美元。

2012年10月30日，阿里巴巴集团旗下的著名云计算服务商"阿里云"发生电力故障，也造成了"宕机"。

云计算巨头的这些"宕机"事件，给人们敲响了警钟。我们在充分利用"云"来提高生活质量的同时，会发现"云"并不是万能的，它本身存在着很多问题。我们在把信息放到"云"上时，也要做好重要信息的备份，以确保信息安全。

5 安全"云"

在未来，日益增多的恶意程序将使得杀毒软件心有余而力不足。恶意程序及木马正成为互联网的主要威胁，在这种情况下，采用传统的特征库判别法已无法有效面对新问题。应用云安全技术，依靠庞大的网络服务识别能力，可取代过去完全依靠本地硬盘中的病毒库查杀病毒的模式，而是实时进行采集、分析及处理。

云安全是网络时代信息安全的最新体现，融合了并行处理、网格计算、未知病毒行为判断等新兴技术和概念，通过大量客户端对网络中软件行为的异常监测，获取互联网中木马、恶意程序的最新信息，推送到服务器端进行自动分析和处理，再把病毒和木马的解决方案分发到每一个客户端。整个互联网是一个巨大的“杀毒软件”，参与者越多，每个参与者就越安全，整个互联网也会更安全。

云安全的发展像一阵风，瑞星、趋势、卡巴斯基、迈克菲、赛门铁克、江民科技、金山、360安全卫士等都推出了云安全解决方案。云安全可以支持平均每天55亿条点击查询，每天收集分析2.5亿个样本，资料库第一次命中率就可以达到99%。借助云安全，趋势科技现在每天阻断的病毒感染最高达1000万次。

中国云安全技术在国际云计算领域独树一帜，走在世界前列。最早提出“云安全”这一概念的是趋势科技，2008年5月，趋势科技在美国正式推出了“云安全”技术。“云安全”的概念在早期曾经引起过不小争议，现已经被普遍接受。

挑战无极限

亚马逊公司的S3简单存储服务、Nutanix公司提供的存储服务，都能以低成本存储大量文件，并保证每个客户的存储、应用都是独立的、私有的。以Dropbox为代表的个人云存储服务是公共云存储发展较为突出的实例。中国比较突出的云存储服务代表有搜狐企业网盘、百度云盘、移动彩云、金山快盘、坚果云、酷盘、华为网盘、360云盘、新浪微盘、腾讯微云等。请在以上供应商中选择一个注册，并登录存储一份班级同学需要的学习资料，让同学们共享。

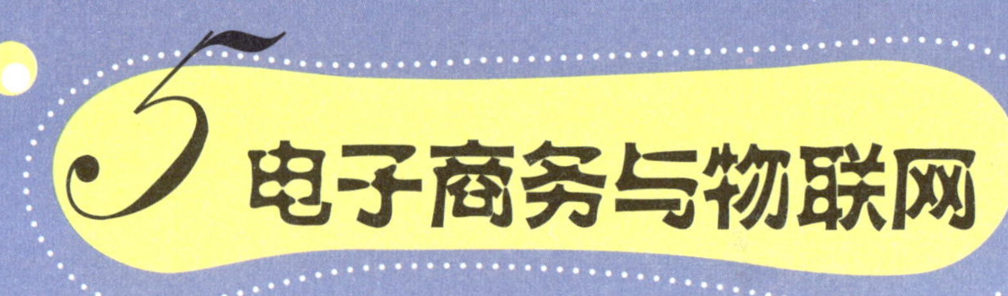

5 电子商务与物联网

电子商务对我们来说早就不是一个新鲜的名词。随着科学技术的进步、电脑的普及、互联网功能的完善及物联网的兴起，电子商务逐步成为人们进行贸易活动的主流方式。你知道最早的电子商务出现在什么时候吗?

早在1839年，当电报刚出现的时候，人们就开始讨论如何将电子手段运用到商务活动中。欧洲一些鲜花商人为了解决鲜花异地递送的问题，互相之间建立了协议，利用当时刚发明的电报技术发送鲜花底单，不同城市的商人相互为对方的

1 电子商务不只是网上购物

提到电子商务，大部分人认为就是建一个百货商店一样的电子商务网站，然后让大家都到这个网站上来买东西，也就是我们常说的网上购物。阿里巴巴旗下的“淘宝”近些年风靡全中国，彻底改变了人们的购物方式，阿里巴巴甚至还开设了名为“淘宝大学”的电子商务在线培训服务平台。如今，“淘宝”简直成了电子商务的代名词。

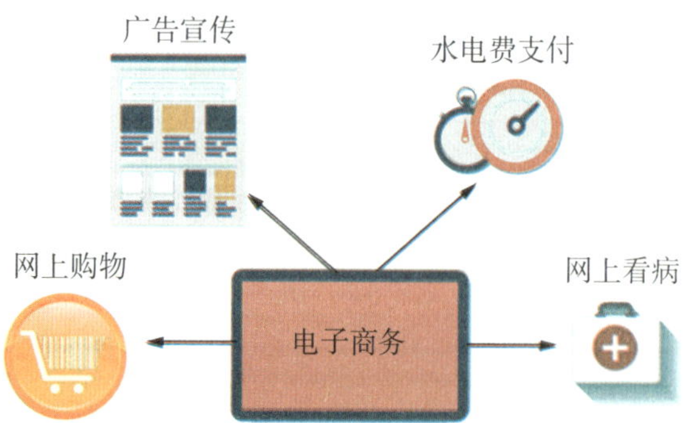

电子商务仅仅是网上购物吗？答案当然为“不是”。“电子商务=网上购物”的理解其实是对电子商务的误解。在消费活动多元化的 21 世纪，论坛中的信息交流和共享，出差时的网上购票，旅游时的

本地客户递送鲜花。因为在从事商务活动的过程中利用了电子技术，所以这也可以看作是最早的电子商务了。

21世纪，我们的日常生活已经离不开电子商务。足不出户，我们就可以利用网络进行网上购物、网上支付，或者用手机扫描二维码的方式来购物、支付水电费。这些交易方式，为我们扩大了商品挑选的余地，节省了购物的时间和空间，大大提高了交易效率。

电子商务

电子商务至今没有统一的定义。1997年11月，世界电子商务大会提出的定义为：电子商务是指对整个贸易活动实现电子化。换句话说，电子商务是买卖双方利用计算机技术、网络技术和远程通信技术进行的各类商贸活动。它的基本组成要素包括计算机网络、用户、物流配送、认证中心、银行、商家等。

认证中心是法律承认的权威机构，负责发放和管理电子证书，使网上交易的各方能相互确认身份。电子证书是一个包含证书持有人个人信息、公开密钥、证书序号、有效期、发证单位电子签名等内容的数字文件。

“双十一”是这样来的

现已改名为“天猫”的淘宝商城最早在2009年11月11日开始举办大型促销活动，其出发点只是想搞一个属于淘宝商城的节日，让大家能够记住它。11月11日处于传统零售业十一黄金周和圣诞促销季中间，天气逐渐变冷，正是人们购买冬装的时候。网上的促销活动一发不可收拾，当天，淘宝商城的销售额达到0.5亿元，以后又逐年递增，到2014年的“双十一”，销售额达到了571亿元，2015年更是高达912亿元。

如今的“双十一”已经由天猫扩散到全球电子商务平台。每年的“双十一”，一些大型电子商务网站都会进行大规模的打折促销活动，这已经成为电商消费节的代名词了。

酒店选择、景点门票，购车、装修时的网络团购，以及网上打车、网上挂号就诊等都属于电子商务，电子商务以多种形式覆盖了我们生活消费的方方面面。

2 电子商务的关键：安全支付

如果你是买家，是否担心付款后收不到商品，支付过程中银行卡和密码被别人窃取？如果你是卖家，是否担心收到虚假订单，货物发出后收不到货款？

国外电子商务很早就出现了，例如易贝网站。而中国的电子商务起步较晚，一个重要原因就是诚信问题。向来信奉“一手交钱，一手交货”的中国老百姓，对

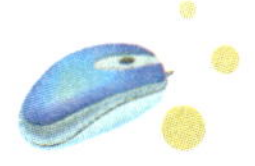

电子钱包

信息时代，我们出门已经可以不用携带钱包了。电子钱包可以让我们出行无忧，电子商务活动更离不开电子钱包。

电子钱包是一种可以进行在线安全支付的计算机软件，是电子商务活动的重要一环。想要在网络上安全地进行电子交易，我们必须先安装符合安全标准的电子钱包。有些电子钱包软件，既可以作为第三方支付，也可以暂时保管消费者的货款，待收货成功后再支付给卖家，比如支付宝。

于非面对面的交易总是不够放心。怎样打破传统呢？这就需要构建一个让买家和卖家都放心的安全支付系统。

在电子商务中，电子支付是最关键的部分。一个安全、可靠的电子支付系统是电子商务交易活动能够正常进行的保证。但是在电子商务的交易中，买卖双方基本没有会面，甚至互相不知道对方的真实信息，在这种情况下，如何保证交易能够顺利完成？显然，仅仅依靠诚信是不够的，于是确保交易金安全的第三方支付应运而生。

第三方支付的角色类似传统交易中“担保人”的身份，是居于买方和卖方之间中立的第三方。第三方支付可以确保卖方一定能收到货款，而买方一定能收到商品。

微信红包背后的微信支付

2015年央视春晚的“摇一摇”抢红包，使微信红包火了。微信官方公布，除夕当日微信红包收发总量达10.1亿个。而2015年中秋节当天，微信红包收发总量已经达到22亿个，创下了新纪录。微信红包是通过微信支付来进行付费的，微信支付则是2013年由第三方支付平台“财付通”与微信合作推出。微信红包的走红带动了更多的人使用微信支付，目前微信支付已实现刷卡支付、扫码支付、公众号支付、APP支付和指纹支付等功能。用户只需在微信中绑定一张银行卡，完成身份认证，就可以进行手机话费充值、电影票购买和打车付款等操作。

3 物联网助力电子商务

如今，越来越多的人加入了“扫码一族”的行列。购物扫一扫，吃饭扫一扫，看电影扫一扫，缴纳水电费也扫一扫……电子商务中的二维码扫描购物方式，让支付更方便了。扫描二维码支付的背后有物联网的功劳哦！

通俗地讲，物联网就是通过各种传感设备实现物物相连的互联网。物联网被称为继计算机、互联网之后世界信息产业发展的第三次浪潮，被视为互联网的应用拓展，是新一代信息技术的重要组成部分。

电子商务营销过程中，常出现顾客对商品来源不了解、对商品质量不放心、货物被送错目的地、物流状态网络上查询不到、送货不及时，以及支付过程既烦琐又不安全等现象。现在，利用物联网技术可以解决这一系列的问题了。

电子商务将物联网技术与移动通信技术、互联网相结合，融合进库存、物流、支付、产品质量管理等环节。商品从生产初始时就嵌入电子标签，根据卖家所提供的产品电子编码标签，消费者可以查询到产品从原材料到成品，再到销售的整

个过程，从而决定是否购买。若交易成功，企业或消费者还能实现对包裹的实时跟踪，以便及时发现物流过程中出现的问题，有效提高物流服务的质量，切实增强消费者网络购物的满意程度。

亚马逊的“购物管家”

亚马逊是美国最大的网络电子商务公司，它的营销手段之一就是利用物联网技术，设计出一些便于消费者进行网购的硬件，使消费者更依赖它的服务。

亚马逊一键购物硬件是亚马逊公司设计的一款外观类似手电筒的硬件产品，内置了激光扫描器和麦克风。在使用前，你只要将它与家中无线网连接，并关联上你的亚马逊账户，便可以用这个产品扫描家中的任何一件商品，或是按住语音按钮并说出你要购买的商品。通过亚马逊一键购物硬件输入的产品将会同步到你在亚马逊的购买清单，随后统一结算。目前，这款硬件已经有了第二代，名为亚马逊Dash按钮。它是一个小型的塑料标签，全身上下只有一个按钮，背部有胶黏剂，把它粘贴在任何日用物品上，想买同款产品时，连上无线网，设置好亚马逊账号，按下按钮，等着收货就行了。

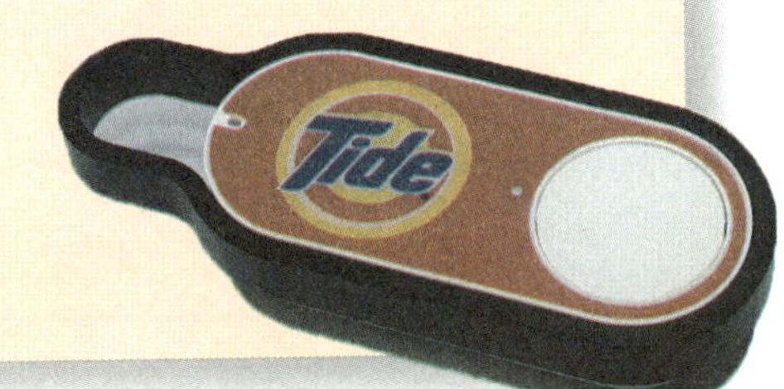

亚马逊Dash按钮

电子商务的发展趋势是多元化、便捷化，电商之间的竞争会更加激烈。将物联网技术融合在电子商务各个环节中，会大大提高电子商务体系的运行效率，降低运营成本，提升客户体验，使电子商务进入一个新的发展阶段。

4 网购陷阱

如今，上至7旬老翁下至8岁孩童，只要会使用电子产品，就能通过网络渠道，享受购物的乐趣。但在享受网上购物带来便捷的同时，我们又会时常遭遇到支付不安全、货物与图片不符等情况。中国消费者协会发布的《2014年全国消协组织受理投诉情况分析》报告中指出，2014年消协共受理远程购物（包括网络、电话、电视、邮购等）投诉20135件，其中网络购物18581件，占92.28%。所以我们一定要认识网购的风险，谨慎消费，尽可能避免掉入“网购陷阱”中去。

在网购过程中，我们可能会遇到以次充好、以假乱真、炒作信用、虚假宣传、网

络“钓鱼”、植入“木马”、售后扯皮等陷阱。面对这种种陷阱，我们要提高警惕，严格按照网购的交易流程进行交易，不轻易打开陌生人发送的链接，不泄露自己的账号信息，购物前多与卖家沟通，购买商品后及时关注物流信息。

我们要做到：

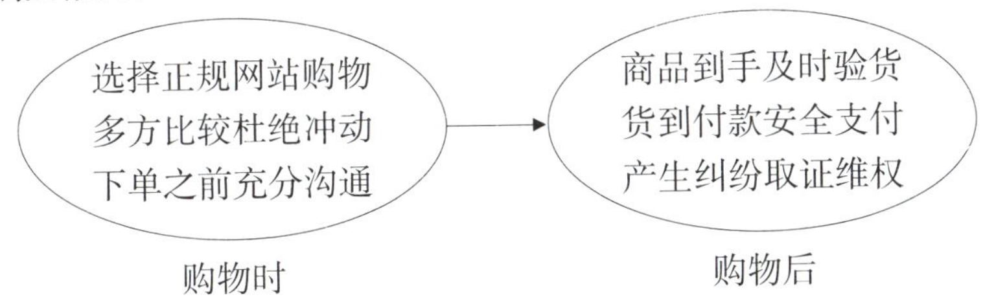

手机支付安全不容乐观

越来越多的人开始使用移动设备进行电子商务活动。当我们用手机支付时，带毒二维码、假冒电商手机客户端、手机木马、钓鱼链接、电信诈骗等都威胁着手机钱包的安全。据360互联网安全中心统计，2015年第二季度共截获安卓移动平台恶意程序样本550万个。用户手机一旦感染这些恶意程序，就将面临账号被窃、网银盗刷等一系列的巨大风险，最终造成重大经济损失。

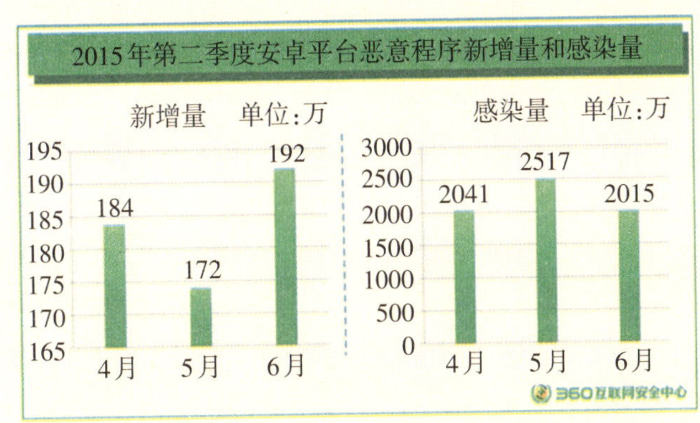

2015年第二季度安卓平台恶意程序新增量与感染量

对于当前不容乐观的手机支付安全环境，360公司联合中国支付清算协会，20余家国内厂商、电商、支付商，以及60余家国内主流媒体，共同发起了“支付安全+”行动，为彻底解决中国手机支付的安全问题共同发力。

5 我的“强迫症”妈妈

小丽的妈妈王女士平时比较清闲，接触网购半年后，疯狂迷恋上了这种购物形式，每天第一件事就是开电脑上各种购物网站。她在这些购物网站收藏了很多店铺，每天都要逛一遍，看看有什么更新，每买一样东西都要在网站上搜索，比较其他卖家是什么价位，直到把所有的卖家都比较完。因为便宜，王女士买了一大堆没用的东西……由于网购占据了王女士大量的时间，她家务做少了，与家人的沟通时间也少了，而且很多抢购回来的便宜货闲置在家，因此多次和家人吵架，闹得很不愉快。

网购成瘾，明星也不例外。著名的美国网球明星小威廉姆斯每天都会花几个小时在网上购物。小威廉姆斯自己讲：“我对网上购物的迷恋在法国网球公开赛期间达到了高潮，每天我都躲在房间里上网，不停地买、买、买。我简直无法让自己停下来。”她常常按捺不住购买欲望，买回很多鞋和衣服，结果很多只能静静地躺在衣柜里。

不买会难受，买了用不了。网购在极大方便人们生活的同时，也让部分人有了难以言说的苦楚。据调查表明，超过一

半的受调查网友表示自己有网购强迫症，它已渐渐成为一种“流行病”。心理学家说，网购强迫症并不是简单的购物狂，严重的可能会发展为抑郁症。

那么，我们如何预防网购强迫症呢？

- 上网的时间要控制，降低网购的频率。
- 关闭网上支付通道或限制消费额度，规定自己每个月只能消费一定的金额。
- 网购时可以先把物品放在购物车里，几天后如果仍然发现有买的必要再进行购买。
- 转移注意力，多结交朋友，多参加户外活动，培养不同的兴趣爱好，让自己不再沉迷于网购。

除了以上这些，你还有更好的主意吗？

挑战无极限

1. 分组调查一下班级同学们使用电子商务的情况，调查主题自定(可根据消费类别、消费频率、使用APP等进行分类)。根据主题设计网购体验的调查问卷，并统计调查结果，最后制作出展示文稿向全班同学展示。

2. 观察父母如何使用扫描二维码的方式支付费用，记录下支付步骤，了解二维码支付与在线支付的差异。

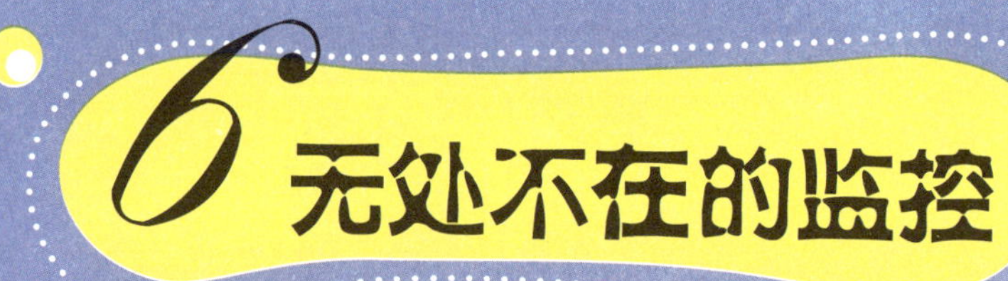

6 无处不在的监控

2016年4月，长安无人驾驶汽车从重庆出发，历时5天到达北京，安全行驶超过2000公里。这标志着中国无人驾驶汽车距离量产又近了一步。

无人驾驶汽车之所以能“眼观六路”，源于车身上安装的雷达传感器和监控摄像头。车顶上安装的激光器能发射64束激光，激光碰到车辆周围的物体反射回来，就能计算出车与物体的距离。另一套安装在车底部的系统能够测量出车辆在三个方向上的加速度和角速度等数据，再结合GPS数据定位出车辆的位置，所有

1 你身边的“电子眼”

“电子警察”是交通管理中的一种远程监控系统。它利用先进的传感设施、图像处理、模式识别、远程数据访问等技术，对过往的每一辆机动车号牌及图像进行

电子警察

这些数据与车载摄像头捕获的图像一起输入车载计算机，车载计算机以极快的速度处理这些数据，从而实现无人自动驾驶。

监控与智能的完美结合，使得一些原本需要人们亲力亲为的事情，可以通过远程遥控操作来完成，人类的美好生活也进入了全新的智能时代。

视频监控

视频监控系统由摄像、传输、控制、显示、记录登记5大部分组成。摄像机通过传输介质将视频图像传输到控制主机，控制主机再将视频信号分配到各监视器及录像设备，同时将需要传输的语音信号同步录入录像机。摄像机固定在云台上，能在水平和垂直两个方向上转动。通过控制主机，操作人员可发出指令，对云台摄像机的上、下、左、右动作进行控制，对镜头进行调焦变倍操作，并可通过控制主机实现在多路摄像机及云台摄像机之间的切换。利用特殊的录像处理模式，可对图像进行录入、回放、处理等操作，使录像效果达到最佳。

云台摄像机

“监控”正在被监控

现在不少家庭都选择在家里安装监控摄像头，方便在外出的时候实时了解家里的情况。安装了这些摄像头就真的安全吗？

据央视报道，市面上大量监控摄像头存在漏洞或缺陷。黑客可以轻松通过这些缺陷控制摄像头，达到窥视的目的。不仅如此，黑客还可以通过欺骗手段，让用户在远程查看自己家里的监控器时，永远看到一个静止的画面，而非真实的现场环境。可以想象，一旦家庭监控摄像头被不法分子利用，将对人身财产安全造成不可估量的损失。

全天候实时记录。电子警察通过“地感线圈与视频检测仪器”对来往的车辆进行检测。当运动目标违反交通规则时，高清摄像机进行违章车辆抓拍，完整抓拍车辆违章过程的多张图片。所有抓拍数据通过网络传回交警数据中心，经过处理生成违法图像和速度信息数据库，对闯红灯、超速行驶等车辆违法行为进行有效取证。

近年来，随着信息技术工具的发展，越来越多的监控技术应用于治安防范和家庭生活之中。我们在地铁、医院、写字楼等公共场所看到的监控摄像头，都在默默地记录着周边所发生的一切。

2 给猪肉绑定"身份证"

自从"瘦肉精"事件后，人们对猪肉的品质总是心有余悸。吃上绿色、安全、健康的放心肉成了每位消费者的期盼。

在某大型超市，一枚贴在猪肉上的小小溯源码，引起了众多消费者的关注。消费者只要在电脑上输入猪肉上的溯源码，就能将生猪饲养及流通信息一查到底……除此之外，消费者还可以通过手机短信和电话语音等方式对生猪养殖、屠宰及配送环节的质量控制进行查询和监督。这无形中就形成了一个"商品生产、流通、销售的监控"链。

世界各国怎样通过监控保障食品安全

日本消费者在超市购买蔬菜、水果和鲜肉等食品时，通过电脑或者手机查询食品电子信息，就可以查到它们的"身世"，甚至生产者照片等信息。

德国人向来以严谨著称，对于食品安全更是到了一丝不苟的地步。在超市，连一枚小小的鸡蛋都有编号，看壳上的不同标码就知道它来自哪国、哪地甚至哪个饲养场。

德国有编号的鸡蛋

3 打造绿色健康呼吸——PM2.5监控

近年来，空气质量越来越受到人们的重视，PM2.5指数是衡量一个城市空气是否被污染的重要指标。

在某建筑工地，集体亮相了几台扬尘监测设备，被用来监测工地扬尘，其中一项重要监测数据就包括扬尘中的PM2.5含量。设备技术负责人称，监测设备接通电源后，可以进行24小时监测，每分钟采集一次数据，通过无线网络实时传输回监测平台。

扬尘监测设备

据介绍，该设备主要对扬尘中的降尘、总悬浮颗粒

健康杀手——PM2.5

PM2.5指空气中直径小于等于 2.5 微米的颗粒物，它们能较长时间悬浮于空气中，其含量浓度越高，代表空气污染越严重。PM2.5对空气质量和能见度等有非常重要的影响。与较粗的大气颗粒物相比，PM2.5粒径小、面积大、活性强，易附带有毒、有害物质（如重金属、微生物等），且在大气中的停留时间长、输送距离远，对人体危害较大。

物、可吸入颗粒物、细颗粒物进行检测，其检测原理为“光散射法”。这也是应用最为广泛的大气颗粒物检测方法——当光照射在空气中悬浮的粒子上时，产生光散射，“粉尘越多，光越分散”，空气进入检测仪后，经过转换求得粉尘质量的浓度，由此测出数据。

4 网络数据监控

网络数据监控是对网上流动的数据进行监控。首先按事先设定的截获原则完成有效截取，然后对截获的数据进行数据还原，最后对还原后的数据进行分析，并作出某种控制决定。举世哗然的美国“棱镜门”事件就是一个网络数据监控的典型案例。

斯诺登

“棱镜计划”是美国国家安全局2007年开始实施的绝密电子监听计划。2013年，前美国中央情报局职员斯诺登将此项目公

两知名网站的“Robots协议”之争

2014年，国内两知名网站互诉对方不正当竞争案，在北京某法院宣判，双方均在对方诉讼中败诉。

甲网站称乙网站在其首页显著位置放置歪曲事实的文章诋毁甲网站，严重损害竞争对手的商业信誉和产品声誉。乙网站则诉斥甲网站应用“Robots协议”禁止搜索引擎抓取乙网站主页，阻止用户安装乙网站浏览器，如若安装，则会频繁跳出弹窗诱导用户卸载。

法院判定，两网站均违反了不正当竞争法，滥用网民对安全软件的信任，须立刻停止不正当行为。

Robots协议

Robots协议（也称为爬虫协议、机器人协议等）全称是“网络爬虫排除协议”，网站通过Robots协议告诉搜索引擎，哪些页面可以抓取，哪些页面不能抓取。Robots协议是国际互联网界通行的道德规范，基于以下原则建立：搜索技术应服务于人类，同时尊重信息提供者的意愿，并维护其隐私权；网站有义务保护其使用者的个人信息和隐私不被侵犯。

之于世。多年来，美国国家安全局和联邦调查局每天在威瑞森电信公司获取百万用户的通话记录，并通过进入微软、谷歌、苹果、雅虎等九大网络巨头的服务器，监控美国公民的电子邮件、聊天记录、视频及照片等秘密资料。

在中国，2012年也曾发生某购物网站屏蔽某浏览器的事件。此购物网站称某浏览器违反“Robots协议”，肆意抓取用户数据，让用户的隐私暴露无遗，存在严重的安全隐患，提醒买家通过其他浏览器登录，在安全的环境中完成商品的购买和支付。

天基太空监视系统卫星

5 太空目标无所遁形

天基太空监视系统(SBSS)是美国空间态势感知能力建设的发展方向,其重要组成部分是美国空军发射的一种能够从太空探测并追踪轨道物体的卫星。它能全天候监视太空中日益增多的卫星和有可能撞毁美国及其盟国环地飞行物的太空垃圾。

第一颗SBSS卫星重1031千克,设计寿命5.5年,前部一个高敏捷的双轴万向节上装有可见光传感器,用于执行空间监视任务。传感器主要由30厘米直径的宽视野望远镜和240万像素的焦平面感光阵列组成。SBSS卫星不受天气、昼夜和大气等限制,也不受陆基系统的环境因素影响,可以每天24小时、每周7天全天候工作,提高太空监视网络对在轨物体、空间碎片观测的及时性。

6 监控下还有隐私吗?

一次,王先生在某商场选购了一件衣服,到收银台使用银行卡刷卡消费。但他无意间抬头看时,吃惊不小。原来,王先生看到在他的头顶上方稍后有一个球状的电子摄像头正对着他刷卡所在的位置,他不禁产生疑问:“自己刚刚输入的密码会不会被摄像头拍了下来?”如此随意安装电子监控设备,顾客的个人隐私在哪里?家住某小区的李小姐同样存在类似疑问:“小区内安装的‘电子眼’监控摄像头随处可见,而且可以360度旋转,如果‘电子眼’有意或无意间对准了自家的窗户,那家里的一切不都暴露无遗了么?”

由于监控带来的隐私问题,许多场所通过规章制度来规范。《辽宁省公共安全

技术防范条例》明确规定了居民住宅窗口、门口等地点禁止安装监控摄像头。同时还设置了所有单位和个人对技防系统采获信息不得买卖等禁止性规定。社会公共区域和技术防范重点单位以外的公民、法人和其他组织，必须在公安机关的监督下，在履行一定程序后才能查看采获信息的内容，从而有效地保护个人隐私权不被侵犯。

挑战无极限

1. 如果你为自己家安装一套视频监控系统，需要购置哪些零部件？请根据你家的实际情况设计一个无死角的视频监控方案。

2. 调查自己学校监控摄像头的作用和合理性，对安装不合理的摄像头提出修改建议。

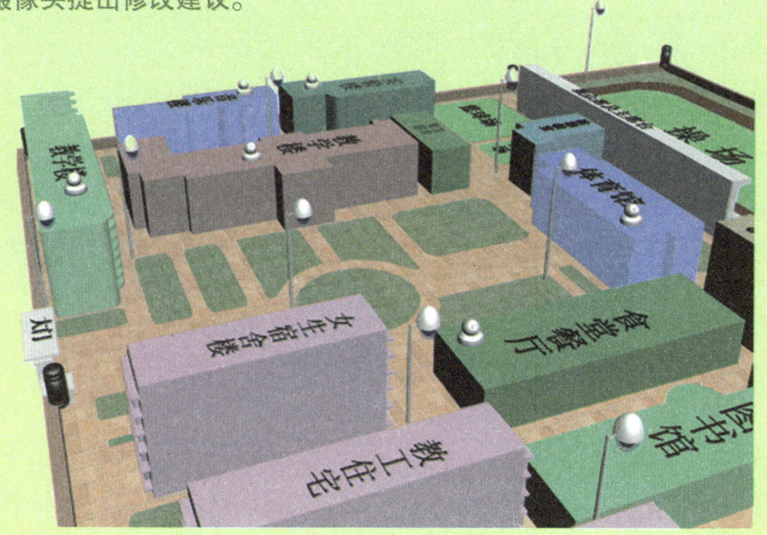

学校校区监控设计图

7 被“偷走”的个人信息

曾有人自称是某学校教务处的老师，打电话给一位学生的妈妈，称她的孩子在学校突然昏迷。对方说：“您先别着急，我们已经送孩子到儿童医院了。”

接着一个自称医生的人说：“你的孩子得了急性肠胃炎，已引起胃出血，需要在10分钟内开刀。做手术需要交押金，不然领不到手术材料。你们大概什么时候能赶到？这种情况可以开通绿色通道，我已经帮你们申请，你们可以直接通过银行转账完成支付。”

就在此时，学生的爸爸突然想起，应该给学校打电话确认一下。当班主任告诉妈妈孩子在学校时，妈妈完全不相信，直到班主任叫来孩子与父母通话。听到

1 谁偷走了我的信息

在2015年的“3·15晚会”现场，观众参与了一场利用手机连接现场黑无线网络信号的互动。360安全工程师模仿黑客操作黑无线网络的设备，很快便获取了现场观众刚刚拍摄并发布到微信上的照片，同时还窃取了观众的邮箱账号和密码，并通过大屏幕展示出来。据主持人介绍，这样的技术只是最为简单的黑客手段，照片的泄露与观众在公共场所接入不安全的无线网络有关。

据调查显示，有些黑客可以在15分钟以内通过安全

孩子的声音，妈妈才如梦初醒。

可是为什么诈骗分子能准确说出孩子的姓名和所在的学校呢？他们又是怎么知道孩子妈妈的手机号码呢？

个人信息

个人信息的范畴十分广泛，从身体到思想，从自身到社会关系，还有别人对他的评价等等。个人信息主要包括以下一些类别。

1. 基本信息。主要包括姓名、性别、年龄、爱好等。

2. 设备信息。主要指个人所使用的各种终端设备的基本信息，如位置信息、手机网络列表信息、Mac(媒体访问控制)地址等。

3. 账户信息。主要包括社交账号、网银账号、第三方支付账号和邮箱账号等。

4. 隐私信息。主要包括聊天记录、通讯录信息、个人视频、照片等。

5. 社会关系信息。主要包括家庭成员信息、工作单位信息、好友关系信息等。

6. 网络行为信息。主要指上网时间、输入记录、网站访问行为、网络游戏行为等。

性较差的商业免费无线网络，窃取手机上网用户的个人信息，包括银行卡、股票、邮箱的账号密码等。因为攻击的时间比较短，用户根本感觉不到异常，所以没有及时采取应对措施。

除了黑客通过不法手段窃取个人信息外，还有少数有机会接触个人信息的部门（比如：医院、商场、银行、通信公司等）工作人员，为了满足私欲，利用信息管理上的漏洞，窃取或泄露客户信息。

在中国，非法获取公民个人信息是一种犯罪行为，它是指以窃取或者其他方法非法获取国家机关或者金融、电信、交通、教育、医疗等单位在履行职责或者提供服务过程中获得的公民个人信息，出售或者非法提供给他人，情节严重的行为。根据刑法规定，犯本罪的，处三年以下有期徒刑或者拘役，并处或者单处罚金。

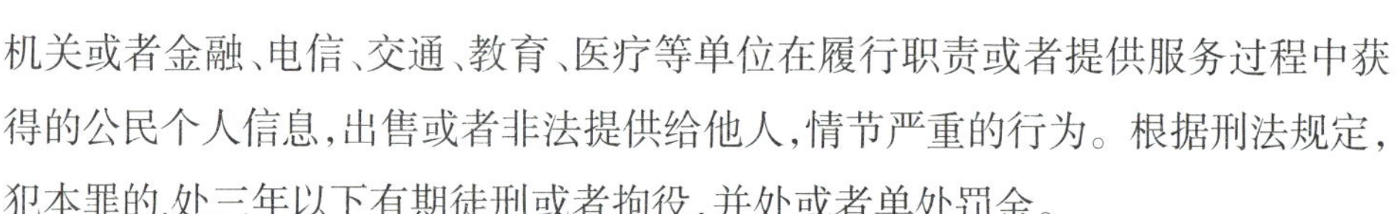

个人信息泄露的渠道

警方通过调查走访认为，目前个人信息的泄露主要途径有以下七条。

1. 有不法分子在互联网上使用搜索引擎搜索个人信息，汇集成册后卖给需要此类信息的买家。

2. 在旅馆、保险公司、租赁公司、银行、电信、房地产、邮政等需

要身份证件实名登记的部门、场所，有个别人员利用登记的便利条件，泄露客户个人信息。

3. 有些打字复印店利用业务之便，将个人信息资料存档留底，装订成册后对外出售。

4. 有人会假借各种“问卷调查”之名，窃取调查对象的个人信息。他们宣称只要在“调查问卷表”上填写联系方式、收入、信用卡情况等内容，以及简单的“勾选式”调查，就能获得一些小奖品，以此诱惑调查对象填写个人信息。

5. 在抽奖券的正副页上填写姓名、家庭住址、联系方式等，可能会导致个人信息泄露。

6. 购买电子产品、车辆等物品时，填写商家提供的非正规“售后服务单”导致个人信息泄露。

7. 超市、商场向群众免费办理会员卡时，个别人会向外泄露掌握到的个人信息。

2 不得不说的信息泄露麻烦事

张大哥热衷于玩手机微信，最近朋友圈里流行一些测试“你的前世是什么”、“未来命运走向”、“五年后你开什么车”等内容的娱乐游戏。张大哥按照游戏的要求，输入了自己的姓名、手机号码等个人信息。他没有想到，只是一不小心起了玩心，泄露了个人信息，招来了许多麻烦，让之后的生活苦不堪言。

几天后，垃圾短信、骚扰电话接踵而来。有推销房产的，有推销保险的，还有推销投资产品的。电话号码有本地的，也有外地的，甚至还有

一些不显示号码的。迫于无奈，张大哥把这些号码拉入黑名单，并启动了手机垃圾短信拦截功能。真没想到，他居然在一天之内拦截下50多条垃圾短信。

张大哥打开电子邮箱，惊讶地发现收到了好多封以推销为主的垃圾邮件。其中一封来自装修公司的广告邮件引起了他的兴趣，邮件中陈列了各种装修材料的链接，当他点击详细信息后，却发现链接到了一家注册在境外的公司。最让张大哥感到苦恼的是，在他点击这条信息的同时，电脑被植入了木

个人信息泄露成为社会公害

当公民的个人信息成了“公共”资源，我们就像是在透明玻璃缸里生活的金鱼，没有隐私可言。个人信息泄露已经成为社会公害之一。

除了接二连三的骚扰电话、铺天盖地的垃圾邮件外，个人信息泄露还可能引发诈骗案件。一些胆大妄为的不法分子，会以银行工作人员的名义，先报出你的个人信息，然后说最近常常发生诈骗案，提醒你的某个账户不安全，建议你转账。也有人冒充警察、医生、朋友等，编造出一些诸如被公安机关抓获、发生车祸、钱包被偷等理由，打电话给你或你的亲朋好友，以紧急情况急需用钱的手段进行诈骗，给公民的财产和人身安全带来很大隐患。

马病毒，黑客窃取了张大哥的网上银行信息。不久之后，张大哥收到一条银行短信通知，自己银行卡中的6000元被盗刷。

个人信息泄露后，会惹来很多麻烦。有些麻烦听起来危言耸听，但确实都有相关的案例。要预防这些事情的发生，除了尽量避免个人信息泄露外，还要提高警惕，不能轻易上当。最重要的是提升自身的安全与防范意识。

3 自我防范，保护个人信息

个人信息泄露不仅容易导致财产损失，有时还会使隐私权、名誉权遭受侵

提高安全防范意识　牢记十种“诈骗手段”

1. 自称公检法要求汇款的；
2. 叫你汇款到“安全账户”的；
3. 通知中奖、领取补贴要你先交钱的；
4. 通知“家属”出事，先要汇款的；
5. 在电话中索要个人和银行卡信息的；
6. 叫你开通网银，接受个人信息复核的；
7. 威胁你有不良行为，需要接受调查的；
8. 叫你登录网站查看通缉令的；
9. 自称上级领导要求汇款的；
10. 陌生网站(链接)要登记银行卡信息的。

害。那么如何防范个人信息被泄露呢？这需要从养成良好的个人习惯做起。

不随意留下你的姓名、身份证号码、电话号码等个人信息。街头问卷、电话问卷、非正规办卡等需要采集个人信息的不正规活动，尽量不要参加。

在网上与陌生人聊天、发表评论时，要提高警惕，千万不能随意给出自己的个人信息。

使用公共网络资源上网，要及时清理使用痕迹。特别是在网吧上网时，可以使用无痕浏览或隐私浏览。网吧的电脑可能会有病毒，在网吧的电脑上使用网上支付工具容易发生账号、密码被盗的情况，引起个人财产损失。

要保管好自己的身份证、护照、驾照等证件。这些证件的丢失会使个人信息被泄露。如果证件丢失，需要抓紧时间到相应的部门挂失与补办。

快递单上有个人姓名、联系号码和家庭住址等信息，随意丢弃可能会被坏人利用，造成个人财产的损失。所以丢弃快递单前要抹掉个人信息。

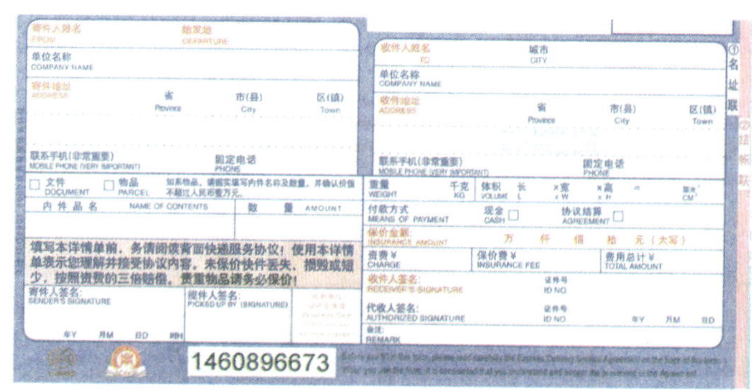
寄件人姓名 FROM　始发地 DEPARTURE
单位名称 COMPANY NAME
寄件地址 ADDRESS　省 Province　市(县) City　区(镇) Town
联系手机(非常重要) MOBILE PHONE (VERY IMPORTANT)　固定电话 PHONE
□文件 DOCUMENT　□物品 PARCEL　如系物品，请据实填写内件名称及数量，并确认价值不超过人民币壹万元。
内件品名 NAME OF CONTENTS　数量 AMOUNT
填写本详情单前，务请阅读背面快递服务协议！使用本详情单表示您理解并接受协议内容。未保价快件丢失、损毁或短少，按照资费的三倍赔偿。贵重物品请务必保价！
寄件人签名: SENDER'S SIGNATURE　年Y　月M　日D　时H
揽件人签名: PICKED UP BY (SIGNATURE)
收件人姓名 TO　城市 CITY
单位名称 COMPANY NAME
收件地址 ADDRESS　省 Province　市(县) City　区(镇) Town
联系手机(非常重要) MOBILE PHONE (VERY IMPORTANT)　固定电话 PHONE
重量 WEIGHT　千克 KG　体积 VOLUME　长 L　×宽 ×W　×高 ×H　=　CM³
付款方式 MEANS OF PAYMENT　现金 CASH □　协议结算 AGREEMENT □
保价金额: INSURANCE AMOUNT　万　仟　佰　拾　元（大写）
资费 ¥ CHARGE　保价费 ¥ INSURANCE FEE　费用总计 ¥ TOTAL AMOUNT
收件人签名: RECEIVER'S SIGNATURE　证件号 ID NO
代收人签名: AUTHORIZED SIGNATURE　证件号 ID NO　年Y　月M　日D
备注: REMARK
①名址联
1460896673

4 各国政府出招保护公民个人信息安全

数字时代如何保护公民的个人信息，在各个国家都是难题。一些国家政府部门和民间机构不断推出保护公民个人信息的办法。

日本有一些致力于从事个人信息保护业务的公司和社会团体。比如有网站出售各种保护个人信息的软件，并随时发布个人信息泄露的事件、政府和企业采取的对应措施等。还有一些民间组织经过认证，每天刊登信息泄露的相关情况，并传授预防个人信息泄露的方法。

1970年，德国黑森州颁布了世界上最早的隐私保护法——《数据保护法》，旨在保护公民的个人信息。1977年1月，德国联邦政府正式立法《联邦数据保护法》，保护公民的个人信息在个人数据处理过程中不受侵害，全面保护德国公民的个人信息和隐私。

新加坡《个人信息保护法》要求，商业机构和个人在收集当事人的个人信息之前，必须说明用途并取得同意。该法案还允许个人将自己的号码注册到"谢绝来电推销"的号码名册中，从而选择不接收推销的短信和电话。如果向注册的号码发送信息或拨打推销电话，就可能被处以多达100万新元的罚款。

加拿大在2010年推出"电话黑名单"制度。任何加拿大电话、手机或传真用户都可拨打一个免费的固定号码，将骚扰的号码申请列入"个人来电黑名单"，一旦申请获批，31天内你的电话、手机或传真机理论上将不会收到黑名单号码的骚扰。

5 信息泄露后的应对

刚参加工作的小李接到一个陌生来电，对方的声音听起来很熟悉，小李询问对方是谁时，对方回道："你怎么连我的声音都听不出来呀？"小李听着口音像是大学同学，就连忙说："你是某某吧？"对方顺水推舟

个人信息泄露如何补救?

个人信息有时和银行账号、密码等重要信息联系在一起，因此一旦个人信息泄露，应该及时更改重要的密码，从源头切断泄漏源，避免造成经济损失。

非常重要的个人信息泄露要及时报警。一来可以备案，二来可以保护自己的权益。如果其他人也遇到和你相似的情况，警方可以掌握更多的处理线索，避免更大的经济损失。

当然，如果事事都要追究，你可能不会有那么多的时间和精力。因此，对于不涉及自身利益、无关紧要的信息，可以选择不予理睬。

说是，又说原来的手机号码停机了，改用了现在这个号码，聊了几句便挂了。

过了几天，"大学同学"又打来电话，说是毕业后工作一直不理想，辞职了，想借1000元，并让小李直接把钱打到姐姐的银行卡上。小李想也没想，赶紧要了卡号和开户姓名，直奔银行汇款。

钱汇走后，小李才觉得事情不对劲。"大学同学"为什么不用自己的名字开户，用的却是另一个名字呢？他联系了真正的大学同学电话，居然没有停机，询问后才知道压根就没这回事。

电信诈骗通常是诈骗人获取一些手机号码、电话号码，冒充领导或熟人以"猜

猜我是谁"等方式骗取信任，接着以遇到"被公安机关处理"、"出车祸"等急事需要用钱为借口，骗取钱财。只要涉及借钱、汇款之类的话题，我们就一定要仔细核实清楚，经与家人或朋友通话确认后，再决定是否汇款。

挑战无极限

北京地铁"禁止拍照"的规定曾被北京市人大代表刘颖质疑，引发讨论。北京地铁客服人员表示，目前地铁并没有明文禁止拍照，但是考虑到安全等方面的因素，地铁工作人员遇到乘客拍照，会上前劝阻。

你认为地铁该"禁止拍照"吗？请对这一问题组织辩论比赛并整理同学的论点和论据。

【正方】地铁应该禁止拍照。地铁是国家的重要工程之一，涉及多项高新技术，随意拍照无形中会对外泄露机密，危害国家和人民利益。而且在人流量大的地方逗留拍照，会影响地铁站内的秩序。此外，闪光灯会影响地铁司机的驾驶。最好能够立法示人，避免胡乱拍照。

【反方】地铁不该禁止拍照。地铁是公共交通场所，不存在涉密问题。可改为"禁用闪光灯拍照"，以确保地铁司机安全驾驶。至于影响地铁内的秩序，地铁工作人员应加强疏导之职责，而不是禁止拍照。

地铁禁止拍照？

8 芯片人

据《泰晤士报》报道，25岁的美国男子纳格尔在2001年的一次事故中脊髓严重受损，颈部以下全部瘫痪。2004年，美国罗得岛州布朗大学的神经动力学专家多诺古教授带领他的团队在纳格尔的大脑中植入了一个芯片，他被打造成了可以

1 芯片人的奇妙生活

人体植入式芯片在未来社会对人类生活将会有怎样深刻的影响呢？

英国雷丁大学的沃威克教授是人体植入式芯片技术研究领域的权威专家。1998年，他把一个电子芯片植入自己身体，并向我们展示了一个芯片人的奇妙生活场景：

清晨，当你从梦中醒来，想拉开窗帘让阳光进来的时候，不需要走过去，你的想法就已经传到了窗帘的控制装置，窗帘自动拉开了。

想看电视，电视机会自动打开并切换到你想看的频道，保证让你在准备早餐的时候不必担心错过早间新闻。

沃威克展示他植入芯片的手臂

吃过早饭外出时，不用担心没有带房门钥匙，因为对于芯片人来说钥匙完全是多余的东西。你也不用担心汽车被盗这种倒霉的事情会发生在自己身上，因为汽车只能识别你的芯片发出的指令，别人是开不走的。

沃威克教授手臂里植入的第一个

用思想控制物体的"芯片人"。

现在纳格尔已经可以用大脑直接控制电视机，还能控制电脑屏幕上的鼠标光标来查看电子邮件、玩电脑游戏等。科学家们相信，随着科技的发展，纳格尔终将会通过大脑内的芯片灵活自如地操纵轮椅和假肢，完成更加复杂的动作，到了那时，他的生活质量将大为改观。

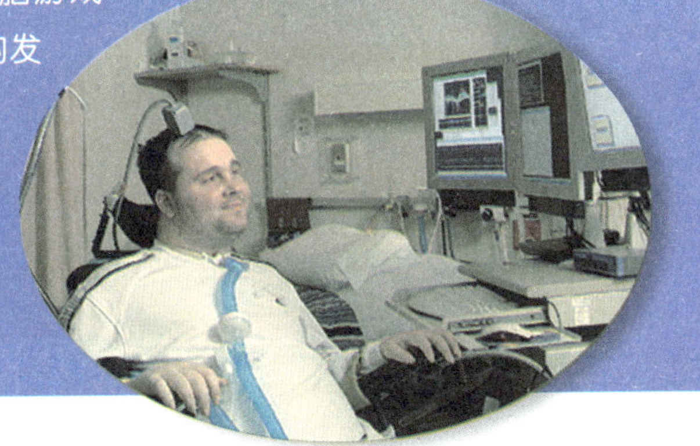

芯片将他的活动信息通过无线电波传送给计算机。这样，计算机就可以监控沃威克在办公大楼里的活动，当沃威克走进办公大楼的大门时，受计算机控制的音箱会对他说："你好！"当他走进实验室时，计算机会为他开门，并将灯打开。

沃威克芯片人的身份维持了三个月，取出芯片后的沃威克很多天都感觉有点失落，好像失去了很亲的亲人，因为他已经有点依赖它了。后来沃威克又进行了第二次芯片植入实验，但与第一次不同的是，第二次植入的芯片更先进，它与沃威克的神经系统相连了。

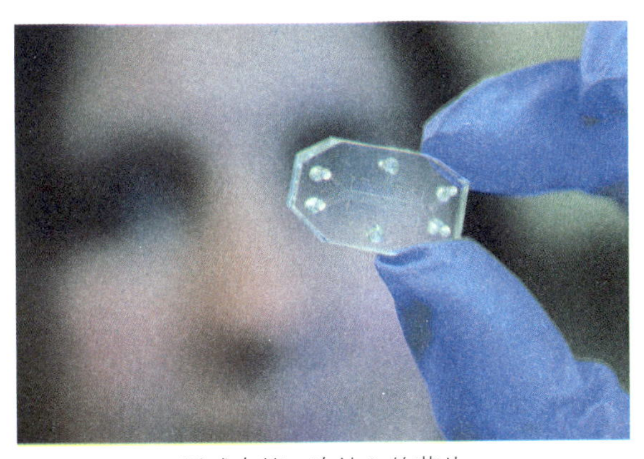

沃威克第二次植入的芯片

沃威克同时还将另一个芯片植入他妻子的手臂中，他们试图对与情绪有关的信号进行实验。实验中当他妻子握紧拳头的时候，他的大脑会接收到信息，沃威克和妻子实现了人类第一次神经系统间的交流。沃威克说："这表明，未来人与人不仅仅会通过语言去交流，同时也会有思想、图像、感觉、情感……各种可能性的交流，实在太令人振奋了！"沃威克的妻子很享受这次实验带给她与丈

什么是芯片人

目前来讲，所谓芯片人，就是在人体皮肤下面植入一个记录此人基本资料的芯片，用专用的设备可以读出里面的信息。人体植入式芯片种类多样，功能也各不相同，有的用于身份的确认和追踪，有的可以作为治疗疾病的设备，有的甚至还可以远程控制电器设备或辅助人脑记忆。

夫间难以言表的奇妙体验，同时她特别担忧亿万人植入了这种芯片以后所面临的伦理问题。比如，她会非常不愿意她丈夫将他的大脑与另外一个年轻貌美的女子相连。

2 芯片人的“芯”

植入实验者身体的是一种体积只有米粒大小的超微型芯片，芯片中的数据可以被手持扫描仪读出，人们可以随时调阅有关芯片携带者的相关信息。

人体是一个神奇的生物电场，人类的每一个思维、每一次感情波动、每一个行动，在大脑中都有相应的电信号，这种信号由千百万个神经元协调发出，在大脑内传播。

沃威克希望能将芯片植入到离大脑更近的地方，例如脊髓或视神经。这样，人体植入式芯片可以发送和接受更强、更复杂的信号，而手臂则是一个理想的中间站。沃威克两次植入的芯片都是封装在一个玻璃管中，第二次植入芯片时，玻璃管的一端是能源，另一端是微小的印刷电路板，用于接收和发送信号。

人体芯片只有米粒大小

沃威克第二次植入的芯片通过一根包裹在神经纤维外面的细电线与神经系统相连，研究小组为此进行了一系列的实验。首先，他们想记录和确定与运动有关的信

芯片如何植入人体

中国科学院深圳先进技术研究院医学芯片设计室的科学家曾介绍，人体制造和植入芯片的过程较为复杂，首先要通过微纳制造技术将微型特殊集成电路集成到一个硅片上，然后用符合生物相容性的材料将其封装好，再通过外科手术植入人体的特定部位。体积微小、信号收发顺畅、稳定可靠的植入芯片已渐渐成为热门研发。利用植入芯片可以实现身份识别、跟踪定位、修复器官等功能。

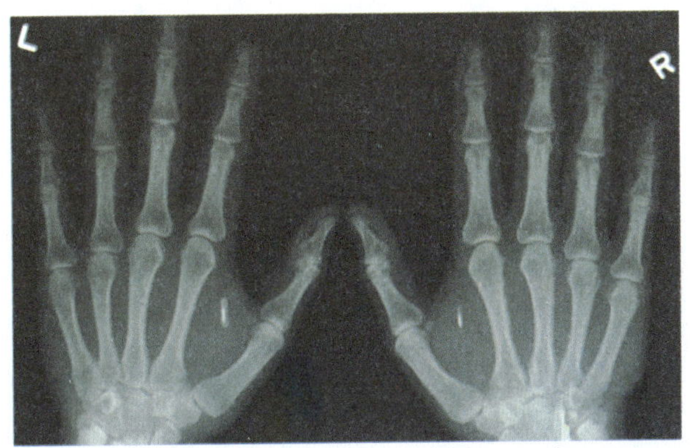

手部植入芯片后X光透视图

号。例如，当沃威克摆动左手的食指时，神经系统中会有一个电子信号传给相应的肌腱，植入芯片也可以接收到这个信号，并把它传给外面的计算机。计算机可以把这个信号记录下来，分析它的特征，再根据分析的结果将它复制，并传回芯片中，看看能不能引起同样的动作。如果成功的话，就表明研究小组能够控制与运动有关的信号，这将是一个了不起的成果。同样，当感到疼痛时，神经系统中也会产生一个非常独特的电子信号，人类利用计算机对此类信号进行记录、分析和复制。这些研究成果对于虚拟现实和医学治疗将会很有帮助。

3 神通广大的人体芯片

2012年2月10日，美国匹兹堡大学医学院神经外科的手术室里，外科医生将一块芯片成功植入瘫痪15年的简的大脑中，这个芯片能够从一系列神经元细胞

中读取信号，并通过芯片上接出的多个微小传感器与电脑连接，这样简便可以通过意念来操纵连接在电脑上的机械手臂了。当简通过机械手臂把一块巧克力送到嘴里的时候，她说这是她这辈子吃过最好吃的巧克力。这种被称为“脑门”的技术可以让假肢像正常的人类肢体一样工作，使残疾人能够更好地工作及料理自己的生活。

简利用大脑控制机械手臂给自己吃巧克力

如果把这项技术运用到军事中，人体植入式芯片可以远程指挥士兵进行武器操作，收集、观察士兵的情况，以便即时下达命令和救援。指挥官们可以做到调兵遣

智能减肥不是梦

瑞士科学家发明的智能减肥芯片将会给想减肥的人群带来福音。

研究人员在吃多了油腻食物而超重的老鼠体内植入这种芯片后，这些老鼠的食量大减，体重明显降低。他们在吃普通食物的正常体重老鼠体内植入这种芯片做对比试验，这些老鼠的体重并没有变化。减肥芯片的发明者瑞士苏黎世联邦工学院教授富塞内格尔解释说，减肥芯片所用的细胞中含有两种基因，一种基因负责检测血脂水平，当它发现血脂水平异常时，会告诉另一种基因来抑制胃口，这两种基因共同作用，达到抑制食量的目的。

不过目前这种芯片仍处于研制的初级阶段，还有许多问题需要解决，比如芯片中的细胞如何存活，还有人体对这些外来细胞的排异反应等等。

将于千里之外，并且非常准确。

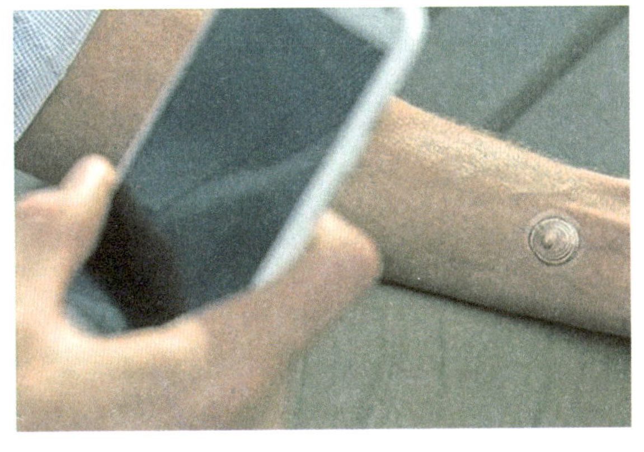

西班牙巴塞罗那有一个酒吧，让部分VIP客户成了使用人体植入式芯片支付法的第一批志愿者。研究人员在他们的皮肤表层下植入一个米粒大小的芯片，芯片与个人银行信息相连，在付款时，只要扫描客户的芯片区就可以了。这一新型的支付方式免除了随身携带信用卡的麻烦，更让小偷无计可施。或许有一天你真的可以不再携带任何现金和信用卡就能上街购物了。

对于普通人，人体植入式芯片也有其用武之地。人体植入式芯片可以帮助医护人员和警察在发生事故后对死伤者的身份、病历等信息迅速进行读取辨认。尤其在发生绑架后，警察可以通过卫星定位系统与芯片快速确定被绑架者的具体位置。在巴西和哥伦比亚等绑架案频发的国家，一些政治家和富翁就准备在自己的体内植入带定位功能的人体芯片来保障自身安全。

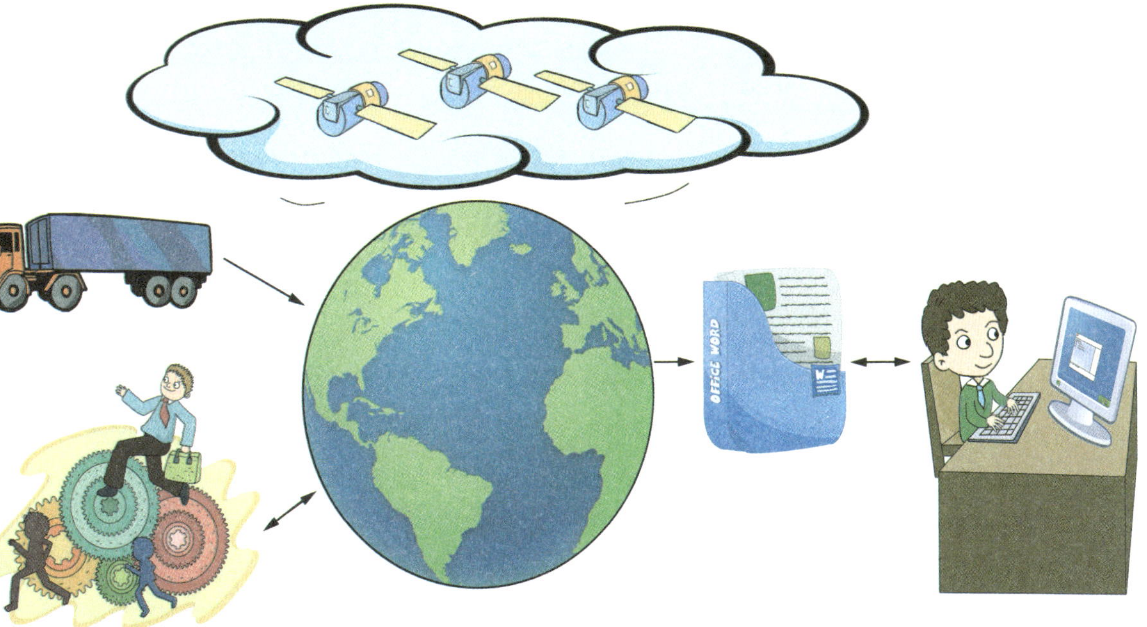

你的脑内存是多少

近年来,科学家们对产生记忆的原理进行了深入的研究,使得微芯片的人脑植入变得可行。他们研发的一种微芯片可以植入受损大脑中来帮助人类恢复记忆功能,这一试验将在未来的两年内在人脑中进行。据美国有线电视新闻网报道,南加利福尼亚大学的研究人员已经在老鼠和猴子的大脑中成功地进行了试验,证明脑信息能够通过这一微芯片产生电信号,从而可以复制。研究人员对试验取得成功相当兴奋,并表示这一能够复制、再生记忆的微芯片将会在5到10年内被利用在相关医疗领域。也许以后人们见面时的对话会变成这样:"嘿,老兄,你的脑内存是多少GB的?"

4 人体植入式芯片安全吗

可植入式芯片在医疗方面有很多优势,它能在自然的生理状态条件下对各种生理、生化参数进行连续的实时测量与控制,得出的数据更精确,这能有利于器官与组织之间的直接调控,获得理想的刺激和控制效应,利于损伤功能的恢复和病情的控制。人体植入式芯片还可以用来治疗某些疾病,甚至于代替某些器官功能,如电子耳蜗、人工视网膜、智能心脏起搏器等。

中科院深圳先进技术研究院的专家介绍,人工耳蜗、人工视网膜等都已通过美国FDA(食品药品监督管理局)认证。人工耳蜗已经商用化,作为个体识别、数据记录的芯片已经应用在宠物身上。植入人体的电子设备都经过了严格的组织相容性试验。业界专家普遍认为可植入式智能芯片是可行的,但由于外科手术水平和个体差异的影响,对于植入式电子设备,并不能保证百分之百的安全。另外,这些电子设备的电磁辐射，也会对人体产生一定负面影响。最近，电子科技大学通信与信息工程学院的李强教授正在与丹麦一家公司合作研发一种对人体无损害的“超低电压、极低功耗”集成电路芯片。

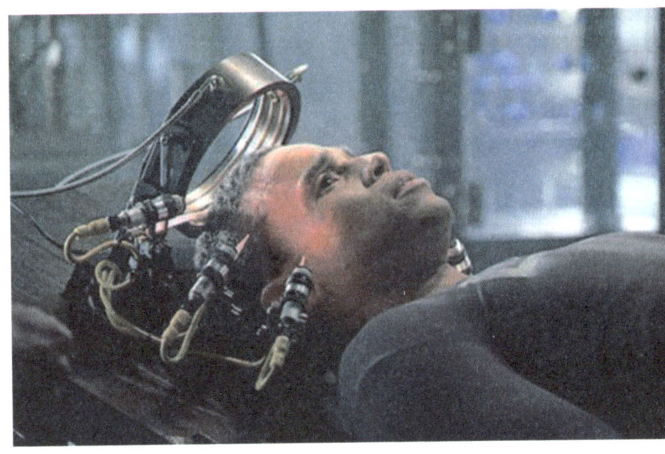

如何让植入性医疗设备更安全、稳定、可靠地在人体内工作，是患者、医学界以及芯片研发者共同关注的事情。据中科院深圳先进技术研究院医用芯片设计室的专家们介绍，可植入式芯片是一个多学科交叉的研究领域，涉及生物医学工程、微电子学、医学等，各方面的专家需要通力解决芯片体积大、电池寿命短、生物相容性及免疫排斥反应等问题。

5 遭遇瓶颈

芯片人的崭新时代确实让人激动不已，可是关于芯片人的争议从它诞生那一刻起就未间断过。到底有哪些因素制约了芯片人的发展呢？

直接制约人体植入式芯片发展的首先是技术问题。许多人体植入式芯片是“无源芯片”，也就是说在一般情况下可以长期存在于体内而不需要能源，它只是一个信号的载体，而且必须通过专用的仪器对它进行扫描才能导出信息。要广泛地普及人体植入式芯片技术，必须研制出能够将人体能量转变为电能的电源，以及微型的包含传感器、处理器及无线收发器的芯片，能够和远距离设备交互数据。另外，如何防止电脑病毒对植入设备的攻击也是设计者们需要考虑的。电脑病毒不是一个新概念，但

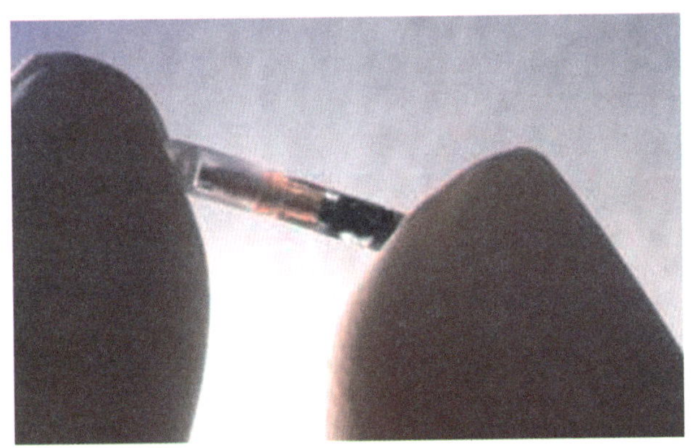

人体植入式芯片

是植入设备感染电脑病毒后就更像是真的中毒了，如果病毒可以让心脏起搏器停止工作，那将是非常致命的。

但是，并非解决了技术问题，人体植入式芯片就可以毫无阻力地推广了。人体植入式芯片是一把双刃剑，它既能被用于医疗和安全领域，也可能会被犯罪分子所利用，监控受害者的一举一动。人权组织担心此项新技术“侵犯个人隐私”，一旦落入犯罪分子手中，危害无穷。

还有一个制约因素是需求问题。人体植入式芯片要想得到真正的普及，就必须有更为独特的用途。因为如果不是“绝对需求”的话，大多数人对植入人体内部这一方式还是有所顾虑的。现在，一些科学家正在探索利用无创方式来实现人脑与电子产品的结合。在中国，科学家正研发利用意识操控技术控制人形机器人；在美国，科学家正通过头戴式脑电波识别系统完成用意念控制飞行器的实验。据了解，目前市面上很多穿戴智能设备也具有身份识别和定位功能，可以成为人体

人体植入式芯片的监管

现阶段人体植入式芯片的应用，主要仍旧在医疗方面，其出发点是救治病患，更好地造福人类。不过有一个担忧就是，人体植入式芯片的非法使用问题，2007年，德国有人曾为“远程杀人芯片”申请专利。该发明人称，他的本意主要是为了追踪非法移民和政治犯。尽管该专利并未通过，但还是让人担心，会不会有人非法使用该技术控制他人、滥杀无辜？是否还有类似的芯片可能被用来限制他人的人身自由？

我们在对人体植入式芯片抱有很大期望的同时，也不得不留心新技术已经或可能带来的一些问题。目前对人体植入式芯片的应用监管还存在着许多真空地带，所以如何防止这项新技术被非法使用也是我们同时应该思考的。

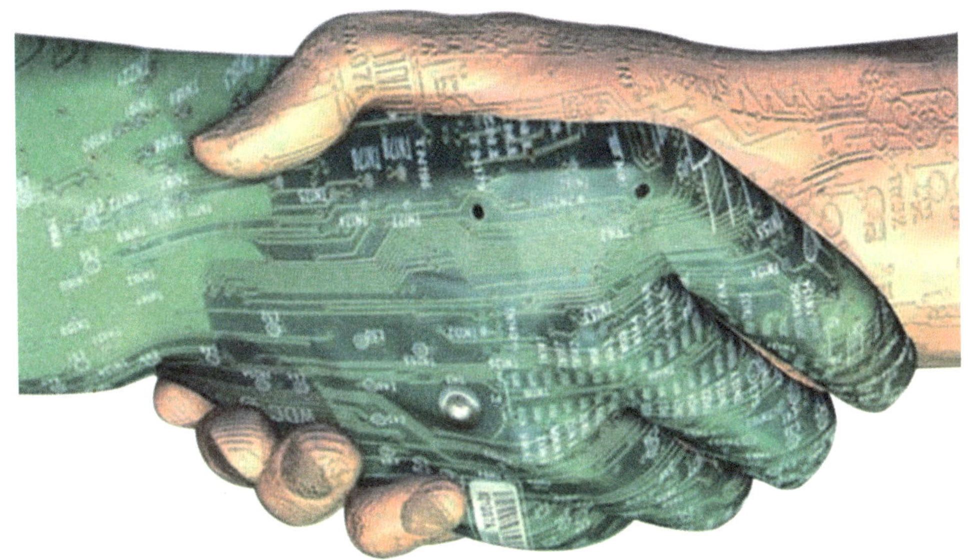

植入式芯片的替代品。

如今，科学家们还尝试利用人体植入式芯片增强大脑思考功能、增强记忆、扩充脑容量、克服人类疾病和老化现象。如果任由人体植入式芯片这么发展下去的话，会出现什么样的场景呢？有分析人士指出，此举如果成功，留给人类的就只剩下感情这个东西了。或许有那么一天，人类的感情也会被人体植入式芯片所取代。

无线传播方式的选择

现阶段，芯片人与计算机之间的连接通常采用射频技术、蓝牙技术、无线网络技术和红外技术等。我们在日常生活中也会经常接触到此类技术，比如门禁卡一般采用的是射频技术，无线鼠标一般采用的是蓝牙、无线网络或红外技术。

1. 通过动手操作比较这四种传输方式的最远传输距离。

2. 如果你是人体植入式芯片的设计者，试分析以上四种方式的优缺点，你会采用哪种方式进行数据的传输？

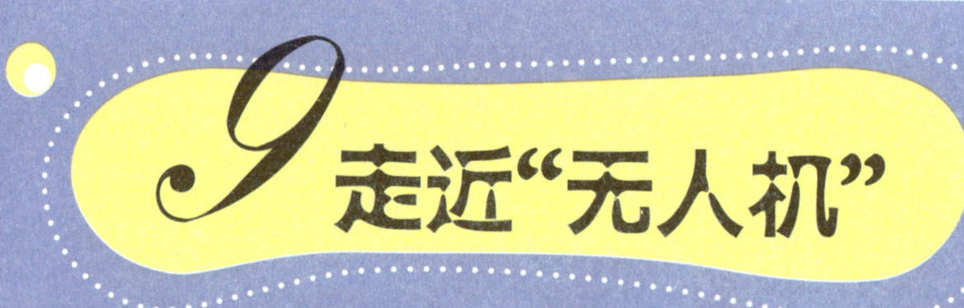

9 走近“无人机”

有一天，当你抬头看到窗外竟然有一架无人机载着你在网上购买的货物送到你家时，请不要诧异，这是专门送快递的“无人机”。

2014年，有媒体报道，某快递公司正在对“运货无人机”进行内测，主要用于偏远地区的配送。该快递公司相关负责人表示，无人机由公司自主研发，采用八旋翼，下设载物区，飞行高度约100米，内置导航系统。工作人员预先设置目的地和

1 “全球鹰”——目前最先进的无人机

由美国诺思洛普·格鲁门公司研制的RQ-4A“全球鹰”无人机是目前全世界最先进的无人机，同时也是世界上飞行时间最长、飞行高度最高的无人机。“全球鹰”无人机翼展35.4米，机身长13.5米，高4.62米，自主飞行时间长达40小时，可

“全球鹰”无人机

路线，无人机将自动到达目的地，误差在2米以内。预计该无人机自主飞行半径约为10千米，在四级风以下可以正常起降，最大载重量约3千克。

以完成跨洲际飞行。“全球鹰”无人机能在2万米的高空穿透云和霾等障碍观察运动的目标，能够准确识别地面的各种飞机、导弹和车辆。“全球鹰”无人机的主要作用是在战争、自然灾害等恶劣环境中提供近实时的高分辨率情报、侦察与监视图像。

“全球鹰”虽说是无人机，可它还是由背后的人来控制的，有属于它的“飞行员”，只是“全球鹰”无人机的“飞行员”无须出门，只需在地面操纵电脑就行了。在那里，通过卫星传递信号，可以对“全球鹰”无人机实行指挥，并操纵它的一举一动。

无人机的所有动作都需要依靠无人机的“大脑”即飞行控制系统来完成。它无疑是无人机的核心部件，直接影响飞机的各种功能和飞行安全。飞行控制系统的主要功能有两个：一是飞行控制，即让无人机在空中保持飞行姿态与航迹的稳定，以及按地面无线电遥控指令或者预先设定好的高度、航线、航向、姿态角等改变飞机姿态与航迹，保证飞机的稳定飞行，这就是通常所谓的自动驾驶；二是飞行管理，即完成飞行状态参数采集、导航计算、遥测数据传送、故障诊断处理、应急情况处理、任务设备的控制与管理等工作。

早期的无人机

人们都以为无人机是现代的发明，其实无人机参战的历史远比我们想象的要长。

1917年，库伯和斯皮里发明了第一台自动陀螺稳定仪，该装置能帮助飞机飞行时保持平直向前。美国海军采用这一技术，将一架教练机改装成了世界上第一架无人飞机，即斯皮里“空中鱼雷”式无人机。在测试中，这架无人机挂载了一枚重136千克的炸弹飞行了80千米。

斯皮里“空中鱼雷”式无人机

由通用公司的凯特林设计的凯特林“空中鱼雷”式无人机又称为“凯特林小飞虫”，这种木制飞机载重136千克，配有可拆卸的机翼，并且可以从自带滚轮的小车上起飞。第一次世界大战末期，美国军方曾为“凯特林小飞虫”下了大批订单，但还未来得及投入使用，战争就已经结束了。

凯特林“空中鱼雷”式无人机

1935年英国生产的一种被命名为“蜂后”的全木结构双翼无线电靶机，被广泛认为是世界上最早的现代无人机，它是第一种能返回起飞点的无人机，在英国军队中一直服役到1947年。

正在遥控DH·82B“锋后”靶机的英军士兵

2 揭秘无人机的“大脑”

控制无人机的“大脑”就是飞行控制系统，可分为机载和地面遥控两个部分。机载部分主要负责采集飞机的各项飞行参数，维持飞机的稳定飞行和姿态控制。地面部分主要负责指定飞行目标和对各项数据的分析。

无人机飞行控制系统

机载飞行控制系统主要由飞行控制器、传感器（或敏感元件）和舵机三部分组成。

飞行控制器是飞行控制系统的核心，是无人机的中央控制单元。它控制飞机上各个单元的协调工作，并负责与地面站之间进行数据传输，同时根据控制算法和地面站的指令，保持飞机以一定的姿态飞行。

陀螺仪

陀螺仪是无人机传感器组成的重要部件，从第一台真正实用的陀螺仪问世以来已经有大半个世纪了。陀螺仪最早是用于航海导航，随着科学技术的发展，它在航空和航天事业中也得到了广泛的应用。

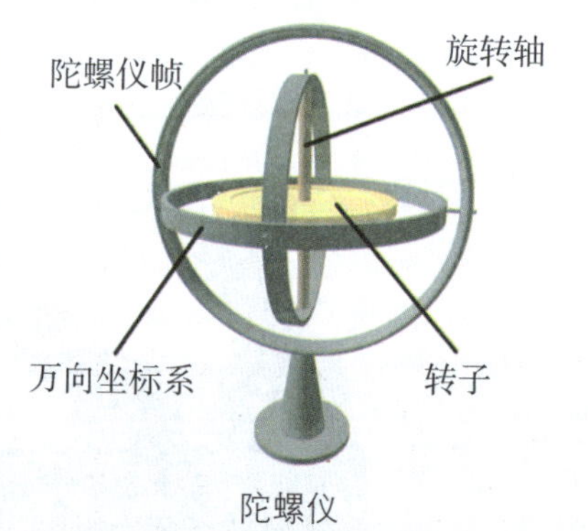

陀螺仪

陀螺仪的基本原理就是：一个旋转物体的旋转轴在不受外力的影响下不会改变。陀螺仪的种类很多，如果按用途来分，可以分为传感陀螺仪和指示陀螺仪。传感陀螺仪用于飞行体运动的自动控制系统中，作为水平、垂直、俯仰、航向和角速度传感器。指示陀螺仪主要用于飞行状态的指示，作为驾驶和领航仪表使用。

在日常生活中，鸡头就是一个非常完美的生物陀螺仪，无论你怎样动鸡的身体，它总是能保持住自己头的方向和位置，很神奇吧！

传感器是将采集的非电信号数据转换成电信号的一种装置。无人机中常用的传感器包括以下类型。

1. 电子罗盘：用于测量飞行的俯仰角、倾斜角及航向角等与飞行姿态相关的参数。

2. 高度传感器：基于大气压随海拔高度变化的原理，实现对飞机飞行高度的测量。

3. 速度传感器：根据飞机向前飞行时所产生的压力、所在位置的大气静压(高度传感器测得的气压)之间的关系测算出飞行速度。

4. GPS接收器：提供飞机经纬度和飞行速度向量等信息。

目前最小的无人机有多小

美国哈佛大学的科学家们在昆虫的启发下，研制出如苍蝇般大小的飞行机器人，成为世界上最小的无人机，其小巧程度也成为了无人机研发领域中的最新突破。

据悉，这个如苍蝇般大小的无人机有一对“翅膀”，通过导电的“肌肉”来供应能量。整个无人机的能量供应和控制都要经过一根轻量级的系绳线，因此无人机能够像自然界随处可见的昆虫那样进行各种敏捷的“回旋飞舞”。其“头部”安装有金字塔状的光传感器，可以让它平稳地飞行，在其光敏“眼睛”的导航下，无人机不会迷失方向。

因为该无人机的主体由碳纤维制成，仅重0.106克，这算是世界上最为小巧、最为轻便的无人机了。这种微型无人机未来主要可以应用于搜索和救援行动中，如进入遭受挤压的废墟中，或者检测环境质量，当然也可以用它为作物授粉等。

最小的无人机

航拍无人机

舵机是无人机的执行机构，它的作用是将飞行控制系统输出的电信号转变为机械位移量，带动发动机风门的偏转，实现对飞机的姿态位置等控制。无人机的舵机主要包括升降舵、方向舵和副翼。升降舵控制飞机的高度和俯仰平衡，方向舵和副翼控制飞机的航向和左右倾斜平衡。

3 无人机的本领

目前无人机虽然不是战场上空执行空中任务的主力，但已成为了不可缺少的重要组成部分。因为无人机是无人驾驶，可以被派送到危险的环境执行任务而无需担心人员伤亡，所以世界上各主要军事大国对无人机在军事上的用途十分青睐。美军认为，21世纪的空中主动权将主要由无人机科技水平的发展来决定。

无人机的隐蔽性高，机身自重相对轻巧，在未来战争中能达到出其不意的效果。美军计划用预警无人机取代有人驾驶预警机，使其成为21世纪航空侦察的主力。攻击无人机是无人机的一个重要发展方向。由于无人机能预先靠前部署，可以在距离防卫目标较远的位置摧毁来袭的导弹，从而能够有效地克服反导弹系统反应时间长、拦截距离近，以及拦截成功后的残骸对防卫目标仍有损害的缺点。

无人机在执行任务时，可以进入危险环境，因而在民用领域的应用也不断地

美国空军X-47b无人机

娱乐节目航拍无人机

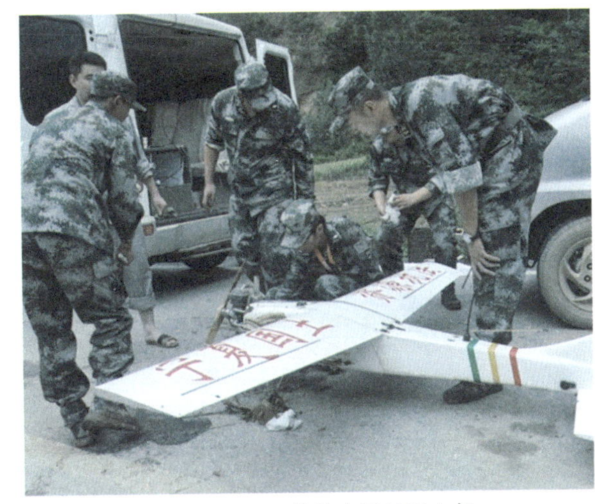
航拍灾区的无人机

被开发。除少量的专门型号外，日前民用的无人机大多都是由军用无人机改装而成的，主要应用于突发事件的调查，如山体滑坡勘察、火山环境监测等领域。美国海洋与大气局已着手采用无人机进行天气预报和全球变暖的研究，中国科研人员也曾在第24次南极考察中首次开展了极地无人机应用试验，在中山站以北的150米超低空飞行了30千米，对南极浮冰区进行侦察。

在四川汶川大地震和青海玉树地震发生后，中科院遥感所和地理所的科研人员携带的无人机，在交通道路设施毁坏严重、天气条件恶劣等情况下，带回了大量的灾区现场数据资料，为抢救人民群众生命财产安全起到了至关重要的作用。无人机在灾害天气或受污染的环境中执行高危险任务时，确实具有无可比拟的优势。

无人机的摄影测量系统属于特殊的航空测绘平台，技术含量高，具有运行成

青海玉树地震灾区高清影像图

本低、执行任务灵活性高等优点，正逐渐成为航空摄影测量系统的有益补充，是获得空间数据的重要工具之一。

4 无人机的未来

无人机不怕疲劳、不怕危险，在执行枯燥而又漫长的任务时，会有比较明显的优势。一般飞行员的极限飞行时间是8小时，但是无人机在燃料充足的情况下，续航能力达100小时。在军用或民用方面，用无人机去执行危险任务，既可以大大降低成本，又避免了人员的伤亡。

尽管无人机有上述明显的优势，但安全性成了阻碍无人机发展的重要因素。无人机的安全性差，事故率比有人机高，因此无人机不允许在人口稠密区飞行。另外，无人机也有被劫持的危险。2012年有媒体报道，美国得克萨斯大学的几名科研人员仅花费1000美元就组装了一套利用全球卫星定位系统漏洞的“诱骗装置”来劫持无人机。令人感到担忧的是，如果仅靠如此简陋、低价的自制装置就能

第一架心脏救护无人机

2014年10月，荷兰代尔夫特理工大学宣布，该校研究生莫蒙研发了一种专门用于救助心脏病突发病患的救护无人机。

这种救护无人机由6个螺旋桨驱动，可以携带一台去纤颤器。它通过GPS定位飞行，可以在1分钟内飞到周边12平方千米内的地方。无人机到达目标地点之后，医护人员能通过安装在上面的摄像头和传声系统对病患家人或周边人员提供实时远程急救指导。

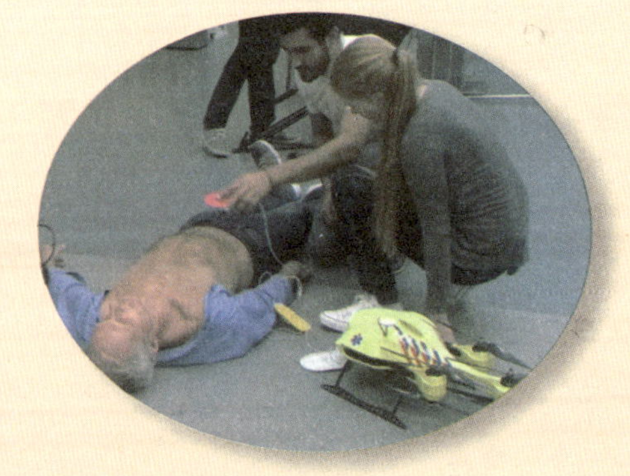

据统计，中国每年大约有近百万人死于心脏病突发，全球每年因心脏病突发去世的人数相当多，所以救护无人机意义重大。

干扰无人机的飞行，那么可能会有不法之徒利用类似的技术来劫持无人机，甚至再现“9·11”事件的悲剧。

无人机有着显著的优点，同时也有着暂未解决的技术难点，所以人们必须在保持无人机优点的前提下，解决无人机存在的不足。无人机广泛的实用性决定了它的实际存在价值，也决定了世界各国对无人机的研究和完善将会不遗余力地持续。中国这些年让无人机走向民用化的脚步从未停止，无人机已经逐步应用在工业、农林渔业、矿业、建筑业的作业飞行和医疗卫生、抢险救灾、气象探测、海洋检测、遥感测绘、科学实验等方面。随着科学技术的高速发展，无人机已逐渐由幼年期走向成熟期，无人机未来的天空将广阔无垠。

中国未来无人机

挑战无极限

陀螺仪的应用

在无人机的飞行控制系统中，多种传感器的正常工作都离不开陀螺仪。

1. 你玩过陀螺吗？试试在陀螺旋转的过程中改变其支点接触的平面方向，观察陀螺旋转轴的方向是否会发生变化。

2. 现在有一些电子设备里也含有陀螺仪装置，可以用来感应设备运动速度、方向等变化，比如部分智能手机、空中飞鼠（一种无线鼠标，屏幕上的光标可随操作者在空中移动鼠标而移动）等等。查阅资料了解这些电子设备里的陀螺仪是怎样的装置，判断它们的工作原理与最初的机械陀螺仪是否相同。

10 王选与激光照排

公元11世纪，一位聪明的工匠用胶泥做了一些规格统一的单字字模而流传千古，他就是家喻户晓的活字印刷术发明者毕昇。900多年后，又一位"当代毕昇"发明了精密汉字照排系统，引发了印刷技术的第二次革命，他就是汉字激光照排之父王选。

"汉字是中国人的，汉字的印刷不应该由外国人来搞。"这种信念一直支撑着王选。

1 王选的重要抉择

大学二年级下学期，王选做出了他人生中的第一个重要抉择。按照当时北京大学的教学计划，大学二年级下学期开始分专业。在数学、力学和计算数学三个专业中，王选选择了当时相对冷门的计算数学。

1956年1月，中国制定了《十二年科学技术发展远景规划》，规划中未来重点发展的科学技术就包括计算技术，这对王选是一个很大的鼓舞。王选认为，一个

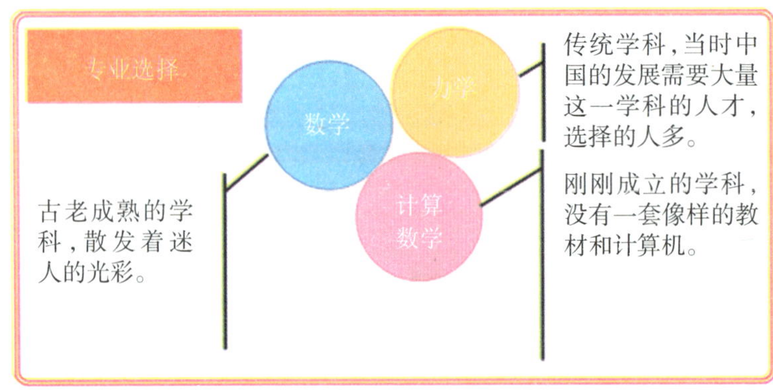

1979年7月27日，世界上第一张一次成版输出的中文报纸纸样诞生。1992年，王选研制成功世界首套中文彩色照排系统。1993年，这套国产照排系统迅速占领了国内报业和书刊的印制市场。汉字激光照排系统仅用数年就使中国出版印刷从传统铅字排版直接跨越到激光照排，彻底改变了中文的排版和印刷方式，被公认为是毕昇发明活字印刷术后中国印刷技术史上的第二次革命。

人必须把自己事业的前途和国家的前途联系在一起，才有可能创造出更大的价值奉献于社会。而且，王选认为，越是完整严密的理论体系，越难以取得新的突破。而新兴学科往往代表着未来，越不成熟，留给人们的创造空间就越广阔。控制论创始人维纳曾经说过：在已经建立起来的科学领域之间的空白区域里，最容易取得丰硕成果。王选的这一选择为今后的科研工作奠定了第一块基石。

王选为青年学生作指导

王选于1998年10月在北京大学所作的一次演讲中，谈到了他人生中的八次重要抉择，其中包含了如何面对事业、困难、财富和荣誉，以及研究的方法、课题，乃至具体的技术途径。

王选人生中的八次重要抉择

- 1956年 选择计算数学专业
- 1961年 投身到研究软、硬件结合领域
- 1961年 锻炼英语听力
- 1975年 直接跨入第四代激光照排系统的研制
- 20世纪80年代初 致力于产业化
- 1992年 扶植年轻人
- 20世纪90年代初 进军日本市场
- 1995年 进军广电业

2 挑战“比登天还难”的难题

20世纪70年代，由于国内出版业的发展，传统的活字印刷排版效率已经远远不能满足社会发展的需要。就在整个科技界都在为这件事头疼的时候，已经养病长达10年之久的王选忽然宣布，他想用一种自己的方法来解决这个难题。

王选在北大计算机所会议室

当一个消失了10年的北大助教说出这样的“豪言壮语”的时候，你应该能想象到，迎接他的肯定不是鲜花和掌声。

王选所说的“方法”，就是后来的汉字激光照排技术。通过把每个汉字编成特定编码，来实现铅块到电脑数据的转变。“我觉得这是一个数学问题”，王选说。但在别人看来，王选的方案无异于痴人说梦。

这确实不是一件容易的事。从1975年起步，到1989年方案成熟产品落地，王选整整被质疑和嘲讽了14年。那也是他人生中压力最大的时期。回顾那不平凡的14年，王选说：“我们要学会如何在骂声中成长。”

激光照排系统用激光束在底片上直接扫描打点成字，再形成版面。因此，要

把每个汉字数字化，以点阵形式存储在计算机的外存中。

汉字字数繁多，常用的有三千个左右，印刷时又有宋体、黑体、仿宋、楷体等十余种字体，每种字体还有约十多种大小不同的字号。如果将所有字体字号全部用点阵存储进计算机，信息量高达几百亿字节。当时中国国产的DJS130计算机的磁芯存储器，最大容量只有64K，且没有磁盘，只有一个512K的磁鼓和一条磁带。这样小的存储容量，要存下庞大的汉字信息简直无法想象。因此，能否使汉字信息大量压缩是整个系统的关键所在。

王选遇到的这个问题，也是几十年来横亘在中外科学家面前难以逾越的高山。人们一直找不到一条既能压缩信息，又能确保文字质量的途径。业内人士把

点阵法存储汉字

为了达到印刷质量要求，字模点阵的密度必须高于25线/毫米，现用的字模点阵的密度是29.2线/毫米。我们以29.2线/毫米为准，算一算一个五号字需要的点阵。

- 五号字的大小为10.5磅（出版行业表示字体大小用“磅”来衡量）
- 1磅 = 0.35毫米
- 字模点阵的密度为29.2线/毫米，即每毫米29.2根线。

$10.5\times0.35\times29.2=107.31\approx108$（线）

因此，一个五号字由108×108的点阵构成，即含11664个点。

汉字信息处理

计算机—激光汉字编辑排版系统主体工程研制成功

汉字编辑排版系统的工作流程和软件

滚筒式激光照排机的工作原理

第四代排字机

汉字字模信息的存贮

我国第一张采用汉字激光照排系统输出的报纸样张

汉字信息的计算机处理技术形容为“比登天还难”。

王选拿出字典，琢磨着每个汉字的笔划，那些日子，他不停地统计和计算着，满脑子都是汉字的横竖弯勾，连做梦也尽是笔画。在一次一次实验中，他发现了规律，提出“轮廓加参数”的方法描述汉字字形。

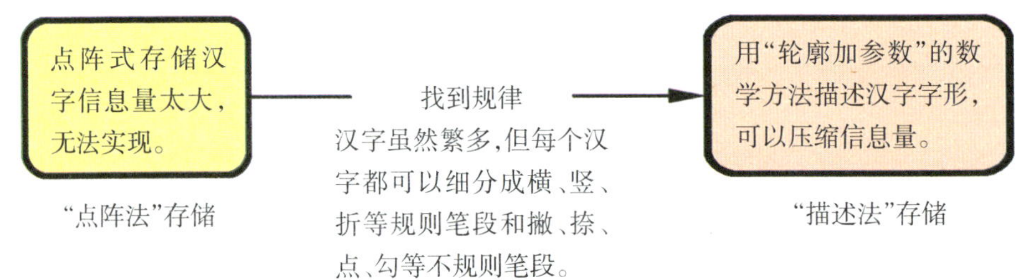

“轮廓加参数法”的特征

汉字	具体笔段	描述方法	说明
规则笔段	横、竖、折	用很少信息精确描述其起始坐标、长度、宽度、倾斜度、起笔、收笔和转折等	汉字中规则笔段的比例占了近一半，所以压缩的空间很大
不规则笔段	撇、捺、点、勾等	用折线轮廓表示	如： 曲线 *AH* 由 *AB*、*BC*、*CD* 等 7 段折线组成，曲线 *HM* 由 *HI*、*IJ*、*JK* 等 5 段折线组成

有了神奇的“轮廓加参数”描述法，不仅解决了信息量的问题，而且在字形放大时不会出现毛边。字模存储器中只存放五号字的压缩信息，其余字号都可以由五号字放大而得到。例如，印刷用四号字是五号字的 1.333 倍大，要印刷四号字大小的汉字，只需把对应的每段轮廓折线放大 1.333 倍即可。

这一方法不但使信息存储量大大减少，同时能保证变倍后的文字质量，通过这种信息描述方法，汉字的存储量被总体压缩至原先的 $\frac{1}{500}$。数学和汉字，这两种代表不同意义的学科和符号，被王选紧密地结合起来，这种矢量算法为世界首创，比西方早了近 10 年。

第一张激光照排报纸样张诞生

阶段	具体表现
内忧外患	• 1976年,王选和同事们开始了原理性样机的攻坚战。 • 由于技术太过超前,王选的方案从一开始就遭到很多质疑。 • 1978年,改革开放的大门打开了,各高校开始流行写论文、评职称以及出国进修,而激光照排项目从事的是繁重的软、硬件工程任务,开发条件很差,导致科研队伍受到很大冲击。 • 英国蒙纳公司拟在1979年秋来中国举办印刷机展览,欲打入中国市场。
冷静分析	• 英国蒙纳公司硬件先进可靠,但设计思想远没有自己的方案先进,离真正实用还有很大距离。
明确目标	• 王选和同事们决定,加紧原理性样机的研制,一定要在展览会举办以前,输出一张报纸样张。
艰苦攻坚	• 王选和同事们不辞劳苦地工作,画逻辑图、布板、调试机器。 • 每次开、关样机都会损坏一些芯片。 • 为了保证进度,只好不关机,大家轮流值班,昼夜工作。
样张诞生	• 1979年7月27日,经过几十次试验,我国第一张采用汉字激光照排系统输出的报纸样张《汉字信息处理》,终于在未名湖畔诞生了!

3 告别铅与火,迎来光与电

2008年的奥运会开幕式,是一场"中国的展示",国旗红、火凤凰、海牙纹、青花瓷、玉脂白,这一切都富贵华美如乐府,是中国特色的色与香。而其中的"活版

2008年北京奥运会开幕式"活版印刷舞"

辛劳的拣字工

拣字就是从字盘上，把要用的字一个个拣出来，按版样排好。字架上一组组看似无序的汉字，优秀的拣字工能脱口而出，倒背如流。

工作中的拣字工

“记”是拣字工的一个硬功夫，不仅要记住字架上的常用字、部位字、繁体字，还要记版样上的行数和栏数。记得多了，就像现在用电脑键盘盲打一样，能做到只看稿子，不看字架，盲拣字。最熟练的工人拣字就像采茶，1分钟能拣200多个字。

排字车间里都是一米多高的字架，几千个字分不同字体、字号，按照一定规律排列其上，拣字的时候要一手拿着手盘和稿件，一手拿着镊子，一走就是几十个来回，每天要托着沉重的字盘走几千米，既是脑力劳动，也是体力劳动。

印刷舞”，是用人体加道具组成897块字模进行表演，一共准确执行了893道口令，才完整表现了“和”这个汉字。看到这一场景，78岁的罗亦鸣老人瞬间哭了。1943年，13岁的他走进上海中正书局印刷厂当学徒，他 ·生不曾离开过铅与火。几乎与他的退休同步，铅字排版印刷，一夜之间退出了我们的生活，那些已经逝去的记忆，成了不可逆转的历史。

1984年，王选发明的汉字激光照排技术在《经济日报》试点，1987年12月，《经济日报》成为世界上第一家采用计算机激光屏幕组版、整版输出的中文日报。当天的报纸版面上有一篇这样的文章:“告别了,铅与火。”

随即,1988年,《羊城晚报》开始试运作此系统。1990年5月31日凌晨,《湖南日报》历史上的最后一块铅版排完了。老工人沈钥情不自禁地在上面写道:“最后一张清样,5月31日早2时沈钥与你告别。”1994年,《西藏日报》开始使用汉字激光照排系统。至此,全国省级印刷厂有99%采用电脑输入、排版、激光制版,进入了计算机(电)与激光装置(光)广泛使用的时代。

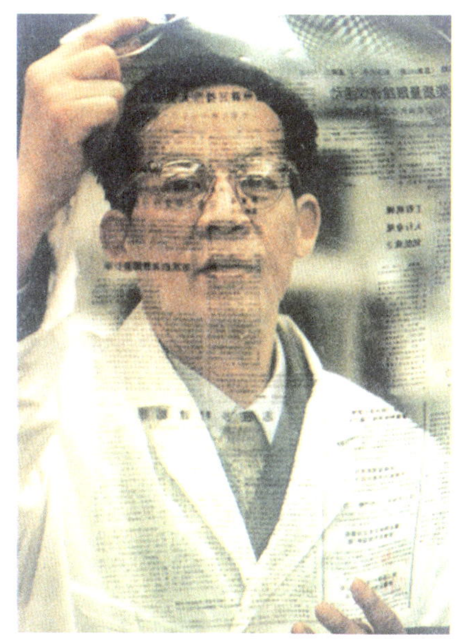
王选与第一张激光照排中文报纸

4 绿色印刷

第十届中科院杰出青年评选颁奖词写道:印刷术的发明是中华民族的骄傲,绿色发展是人类的期盼。他将纳米材料的最新研究成果和传统的印刷技术相结合,为古老的印刷术描绘出绿色的未来,为世界绿色经济的发展贡献来自中国的力量——化学研究所宋延林。

中科院化学所通过多年基础研究积累研发的“纳米材料绿色印刷制版技术”摒弃了感光成像的技术思路,有可能从根本上消除感光化学过程带来的避光操作和废液排放问题。课题组负责人、中科院化学所研究员宋延林表示,这一技术省去了感光预涂层及化学品冲洗步骤,在根本消除环境污染的同时大大降低了成本;该技术还简化了

宋延林

数字出版

数字出版包括原创作品、编辑加工、印刷复制、发行销售和阅读消费等数字化过程，可以满足人们在网络时代主动、互动的信息获取需求。

数字出版涉及版权、发行、支付平台和具体的服务模式，它不仅仅指直接在网上编辑出版内容，也不仅仅指把传统印刷出版的东西数字化，或者把传统的东西扫描到网上。真正的数字出版是依托传统的资源，用数字化工具进行立体化传播的方式。数字出版的内容主要包括：互联网期刊和多媒体网络互动期刊，电子图书，数字报纸（含网络报和手机报），博客，在线音乐，手机出版（含手机彩铃、手机铃声、手机游戏、手机动漫），网络游戏，互联网广告等。

制版流程，无须暗室避光操作，省去了曝光、冲洗、晒版等环节。不仅如此，直接在印版上打印图文，减少了图像转移次数，图像再现性好，且无须拼版、修版，图文质量得到大大提高。

不会污染环境、不需要感光成像、印刷流程缩短……由我国自主研发的纳米材料绿色制版技术，已开始运用于国家正式出版物印刷，标志着该技术正式从实验室走向市场。

绿色印刷

1. 王选的激光照排系统是在一次次失败的基础上取得成功的。请你查一下资料，看看王选在汉字激光照排系统的研制中经历过哪些失败，又是怎么解决的。

2. 科学技术日益革新的背后，是无数科技工作者的艰辛付出。科学家王选被称为汉字激光照排之父。那么，在以下领域，分别是哪位科学家获得了殊誉？请画线连接。

袁隆平

邓稼先

冯如

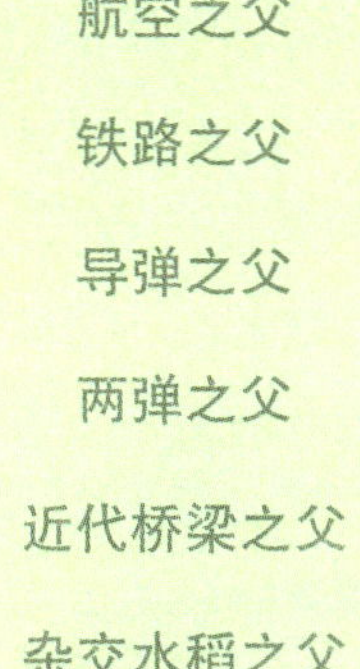
航空之父

铁路之父

导弹之父

两弹之父

近代桥梁之父

杂交水稻之父

钱学森

茅以升

詹天佑

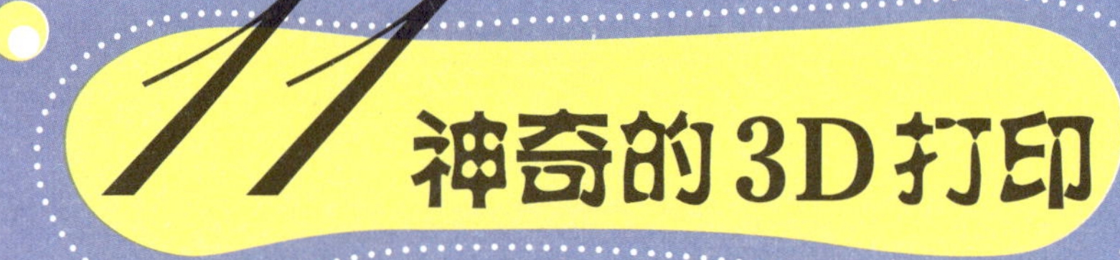

11 神奇的3D打印

7岁的布林是一位喜欢运动、酷爱骑自行车的美国男孩。但是，他一出生就没有右臂，为了躲避别人异样的眼光，他不喜欢出席公众活动。随着3D打印技术的发展，美国佛罗里达大学航空航天工程专业的学生和志愿者们合作为他用3D打印机打印出了一个模仿钢铁侠的仿生手臂，这不仅让他轻松地开展各项活动，也

1 3D打印技术梦想成真

美国科幻作家希克利曾经在他的作品中描写过有关“万能制造机”的场景。这是一台看起来非常奇特的“大家伙”，机身上杂乱地安装着刻度盘、指示灯和各种指示表。故事中，主角阿诺尔德站在机器前，按下按钮，对它响亮而清楚地说：“我要硬铝螺帽，直径为4英寸。”接到指令后，机器嗡嗡作响，灯光闪烁，闸板自动打开，便出现了一颗已经制作完成的螺帽。

也许希克利没有想到，如今一台3D打印机已经将他书中的幻境变为现实。这种快速成型技术于20世纪90年代在美国产生并且迅速发展，在商业应用上的探索有近30个年头了。

3D打印机

帮他重拾自信。据说用3D打印机为他打印仿生手臂总共花了40个小时，制造成本仅有350美元，有点不可思议吧？那就让我们一起来畅游神奇的3D打印世界吧！

3D打印技术发展历程表

时间	重要事件
1986年	赫尔开发了第一台3D打印机
1993年	麻省理工学院获3D打印技术专利
1995年	美国ZCorp公司从麻省理工学院获得唯一授权，开发3D打印机
2005年	首个高清晰彩色3D打印机由ZCorp公司研制成功
2010年11月	世界上第一辆由3D打印机打印而成的概念汽车模型Urbee问世
2011年7月	英国研究人员开发出世界上第一台3D巧克力打印机
2011年8月	英国南安普敦大学的工程师们开发出世界上第一架3D打印的飞机
2012年11月	苏格兰科学家利用人体细胞首次用3D打印机打印出人造肝脏组织
2013年2月	世界首款运用3D打印技术制成的混合动力汽车Urbee 2面世

3D打印技术

目前，3D打印机打印出来的模型由一层层薄膜组成，每一层的打印分为两步，首先在需要成型的区域喷洒一层特殊胶水，胶水液滴本身很小，而且不易扩散。然后均匀喷洒一层粉末，粉末遇到胶水会迅速固化。这样一层胶水一层粉末地反复交替，实体模型就被“打印”

成型，打印完毕后只要扫除松散的粉末即可“刨”出模型，剩余粉末还可以循环利用。

由于是层层打印，不仅可以表现出外形曲线，还可以表现内部空间结构和运动部件。如果用来打印机械装置，齿轮、轴承、拉杆等都可以转动，而腔体、沟槽等形态特征位置准确，可以满足装配要求，打印出的实体还可以通过打磨、钻孔、电镀等方式进一步加工。

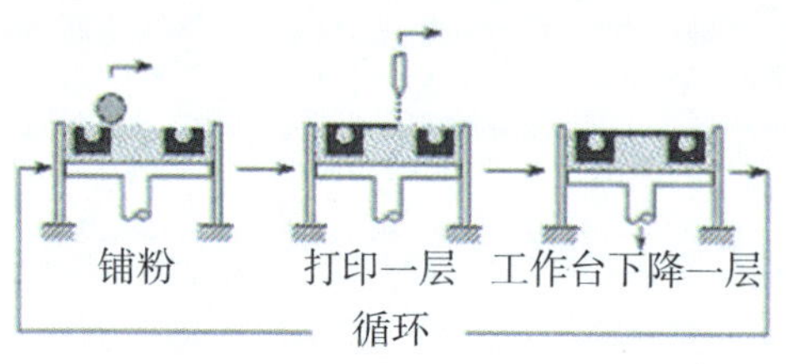

生产中间状态

最后一层粘贴

成型工件

Urbee 2

2013年，世界上首款3D打印混合动力汽车在加拿大亮相。它的惊艳出场，让众多用户眼前一亮，其耐用、环保、时尚的特点令许多传统汽车相形见绌。这辆3D打印汽车就是大名鼎鼎的Urbee 2，它是一辆三轮、双座混合动力车，使用电池和汽油作为动力，虽然单缸发动机制动功率只有8马力，但由于其小巧轻便的身姿，最高时速仍可达112千米时。

先进的3D打印技术不仅让Urbee 2具有时尚前卫的流线型造型，还大大减少了制造过程中对原材料的浪费，真可谓是名副其实的环保车。Urbee 2和其他奇特的新概念汽车不同，它经久耐用，寿命可达30年。Urbee 2售价5万美元左右，批量生产后价格还会不断下降。不久的将来，3D打印汽车将有望步入寻常百姓家。

Urbee 2

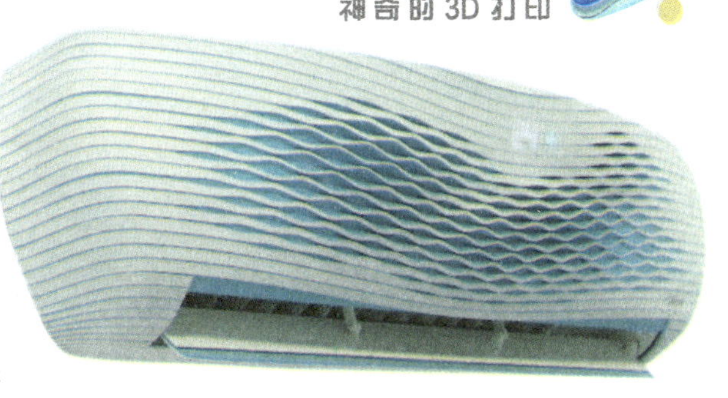
海尔3D空调

2 行业应用

2015年3月的上海家装博览会上，海尔公司展出了一款3D打印空调。这是一款拿回家就可以立即安装使用、制冷制暖功能齐全的成品空调。这款全球首台3D打印空调，一直是家装博览会开幕以来的焦点，并最终以4万元人民币的价格售出。现场不少“科技控”们看到海尔公司3D打印空调都异常兴奋，惊叹科技的神奇和技术的颠覆。

3D生物打印

器官移植拯救了很多人的生命，但这项技术也存在着器官来源不足、存在排异反应等弊端。不过，随着未来3D生物打印机的问世，这些问题将迎刃而解。

3D生物打印机的不同之处在于，它不是利用一层层的塑料，而是利用一层层的生物构造块，去制造真正的活体组织。3D生物打印机有两个打印头，一个放置人体细胞最多达8万个，被称为“生物墨”；另一个可打印“生物纸”。所谓生物纸其实是主要成分为水的凝胶，可用作细胞生长的支架。3D生物打印使用的材料来自患者自身细胞，所以不会产生排异反应。据介绍，这种技术打印完一圈“生物墨”细胞以后，接着打印一张生物纸凝胶，不断重复这一过程，直至打印完成新器官。随后，自然生成的细胞开始重新组织、融合，形成新的血管。每个血管大约需要1个小时形成，而融合在一起需要数天时间。也许有一天，只需轻轻按下按钮，就能让3D生物打印机制造出我们所需要的器官。

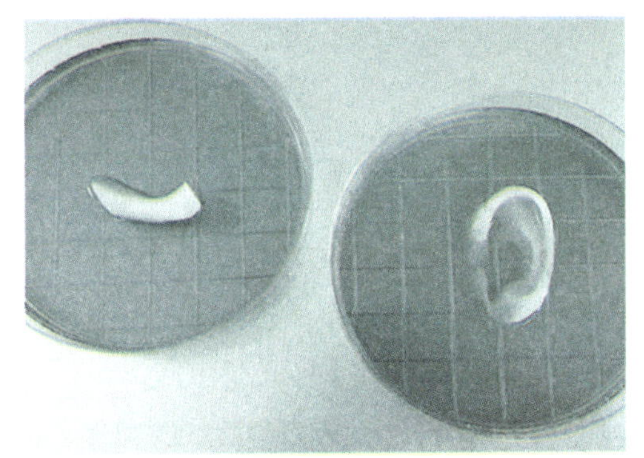
3D生物打印制成的人体器官

特殊油墨

在建筑行业，设计师可以用3D打印机打印建筑模型，速度快、成本低、环保，既符合设计者的要求，又可以节省大量材料。

3D打印房屋

2014年，10幢3D打印建筑在上海张江高新技术产业开发区青浦园区内交付使用。这些打印出来的建筑墙体原料是由建筑垃圾制成的“特殊油墨”。这个项目由上海盈创装饰设计工程有限公司负责建设，董事长马义和展示了现场打印拍摄的视频片段。只见一只巨大喷头像奶油裱花一样源源不断喷出灰色油墨，油墨呈Z字形排列，层层叠加，很快便砌起了一面高墙。之后，墙与墙之间还可像搭积木一样垒起来，再用钢筋水泥进行二次打印灌注，连成一体。整个打印过程只需要一张图纸、一台电脑，以及就地取材制造的特殊油墨，就打印出10幢总共200平方米的建筑，实在让人叹为观止。

在医学上，3D打印技术可以用来打印模型，用于医学教学，也可以用来打印医疗器材如假肢，或者打印用于组织功能的产品。英国一位83岁的老人由于患有慢性骨髓炎，于2012年2月成功植入由3D打印机打印出来的下颚骨，这是世界上首个使用3D打印产品做人体骨骼的案例。随着技术的发展，这种技术甚至可以打印出具有活性的人体组织等。

打印美食，这可是吃货们的巨大福音。3D打印技术不仅能让液化的原材料很好地保存，而且可以根据自己的喜好和口味对食谱做出不同的调整，这是一件多么美妙的事情！或许在不久的将来，很多看起来一模一样的食品就是用3D打印机打印出来的。当然，到那时可能人工制作的食品会贵得让你咋舌。

工艺制品是3D打印最广阔的一个市场。不管是你的个性笔筒，还是有你半身浮雕的手机外壳，抑或是你和爱人拥有的世界上独一无二的戒指，都可以通过3D打印机打印出来。

在时尚产业，3D打印的服装、领结、帽子……几乎涵盖了一个时尚达人标配的所有物件。目前的技术已经能让3D打印的塑料衣服像真正的织物一样自由摇摆和晃动。想象一下，大街上的人们都穿起了3D打印的服装鞋帽来来往往，婚礼上，甜蜜的爱人穿上量身定做的3D打印婚纱……

美国加利福尼亚州的一个道具公司，利用3D打印机为电影特效片段制造3D模型和原型，为演员量身定制完全适合他们脸部、颈部和头部的道具。这些应用在电影《十二生肖》《侏罗纪公园》《阿凡达》《钢铁侠》及《复仇者联盟》中，让电影变得更具观赏性。

电影《十二生肖》中3D打印场影

日本一家公司甚至推出了面向个人的“婴儿复原服务”，只需提供婴儿在母亲肚子里的X光照片，他们便可以制作成三维图像，打印出一个肚子里的婴儿模型作为长久的纪念。

3 发展机遇

3D打印已成为继云计算之后，又一个在产业界、投资界和政府科技部门深受关注的发展领域。

教师可以借助3D打印技术，让学生边做边学，培养学生动手能力。3D打印技术能够在课堂上逼真地模拟工厂生产和实践环境，帮助学生更早、更安全地尝试失败。例如，未来的医学生将不必非得在毕业实习时才到医院门诊、住院部接

3D打印笔

传说中有神笔马良，今天有3D打印笔。整支笔长18厘米，直径2.4厘米，重量约200克。

这是一支可以进行天马行空般想象的笔，用它作的画可以从平面走向立体。它利用ABS塑料（由丙烯腈、丁二烯和苯乙烯组成的合成树脂）作为颜料，可以在任何表面涂画或直接在空气中作画。这支小小的神来之笔，无需电脑或电脑软件支持，只要插上电，稍候片刻就可以开始你的奇思妙想。

3D打印笔基于3D打印原理，挤出热融的塑料，然后在空气中迅速冷却，最后固化成稳定的状态，这将赋予你无尽的创造力。只要几个小时的练习，你便能够描绘出令人惊叹的精彩。

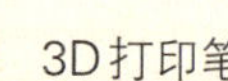
3D打印笔

触真实的治疗，而可以通过3D打印提供的人体模型，开展解剖等多方面操作训练，这样在实际操作中也就安全可靠多了。同样，建筑专业学生将得益于更早、更充分的实操训练，通过"更早、更安全地失败"，提高建筑设计质量。

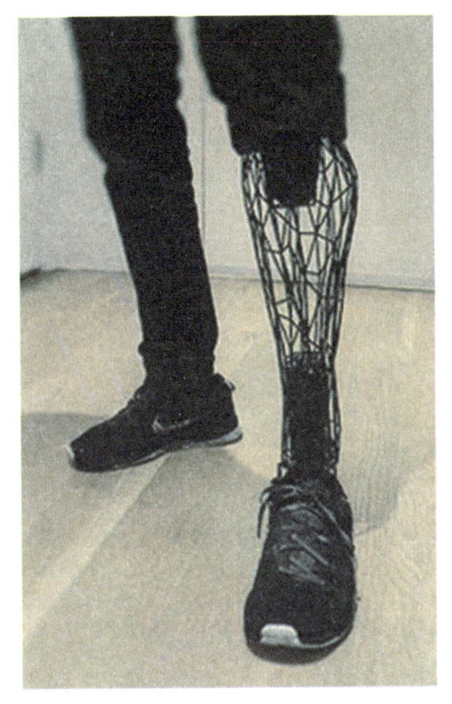

3D打印假肢

开一家3D打印体验店也许是每一位设计爱好者的梦想。在舒适的环境里，一边设计着新奇的玩意儿，一边等候3D打印机将模型慢慢成型，多么有成就感啊！国外的创客达人们早已经迈出了这一步，众多体验店纷纷面世。第一家3D打印实体店位于美国纽约曼哈顿桑椹大街298号，店里出售自主研发的3D系列打印机，还销售配件和预制产品，比如玩具、工艺品等。2012年12月31日，中国首家3D打印照相馆在西安高新区建成并开张营业。

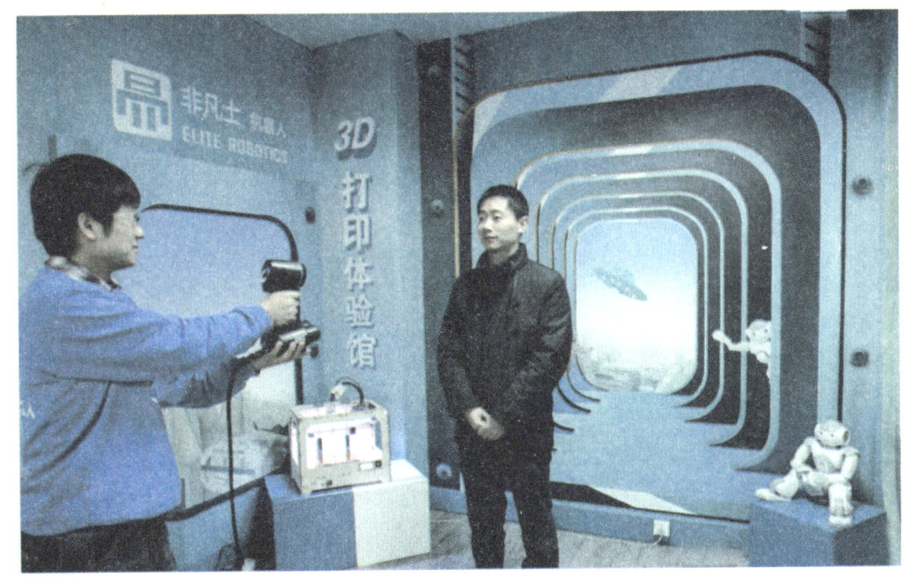

3D打印照相馆

4 畅想未来

2014年11月，3D打印技术被《时代》周刊评为当年25项年度最佳发明之一。在过去一年中，各个行业均开始尝试3D打印技术，学生们试用3D打印制作用于物理课实验的火车车厢，科学家们用3D打印技术打印了人类器官组织，通用电气公司用3D打印技术改进了喷气引擎的效率，美国三维系统公司的3D打印机还能打印糖果和乐器等，这些尝试将3D打印技术更快地融入我们的生活中。

当然，3D打印机要进入普通家庭也面临一些问题，这些问题既来自技术瓶颈，也来自使用者的需求和专业素养，以及相关产业链相对发展不足等。假如花数千元购买回来的打印机只能制作简单的塑料玩具，那对普通消费者来说就没有任何意义了。但若想要打印一台电脑，情况会非常复杂，既要打印金属或塑料材质的外壳，又要打印能导电的主板，更有异常复杂的处理器。不同材料有不同的特性，制作和处理方式也会不一样。再加上3D耗材价格居高不下，成为制约3D打印普及的瓶颈。目前已有很多材料能够用于打印，但是有些不够环保，况且绝大部分打印机只能打印一种或者性质接近的几种材料，无法解决使用混合

材料的问题。

从发展的角度来看，这些问题并不足以阻碍3D打印技术的前进步伐。中国工业和信息化部2015年发布了《国家增材制造产业发展推进计划》。该计划提出，2016年，中国将初步建立较为完善的增材制造（俗称3D打印）产业体系，整体技术水平保持与国际同步。在产业化方面，要求形成两三家具有较强国际竞争力的3D打印企业。在行业应用上，3D打印将成为航空航天等高端装备制造及修复领域的重要技术手段，初步成为产品研发设计、创新创意及个性化产品的实现手段，以及新药研发、临床诊断与治疗的工具，在全国形成一批应用示范中心或基地。这预示着3D产业将迎来高速发展。

挑战无极限

尝试使用3D打印云平台设计打印建筑模型或者玩具模型，体验不一样的设计过程。

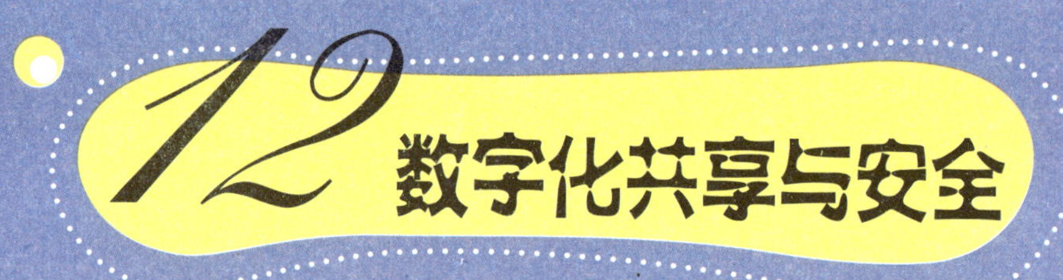

12 数字化共享与安全

2014年12月1日“中国日报网”报道，索尼电影娱乐公司遭遇黑客攻击，五部影片被泄露。这五部电影分别是《狂怒》、即将上映的《安妮》、戛纳的获奖片《透纳先生》、《依然爱丽丝》及《写爱于臂上》。

《狂怒》经由盗版网站已经被下载了120万次，其他的几部影片也被下载了几十万到几万次不等。最关键的是，有些影片尚未上映，这对索尼电影娱乐公司造成的影响无法估计。

最近几年，未上映影片泄露事件屡见不鲜。电影《金刚狼》尚未完成后期制

1 扁平的斯坦利

“扁平的斯坦利”项目来源于杰夫1964年写的一本同名儿童读物。在这一故事中，原本普通的男孩斯坦利不幸被广告牌击中，变成像扁扁的薄煎饼一样。但他因祸得福，被爸爸叠进信封里寄到世界各地进行探险旅行，信封上还注明了“贵重物品、轻拿轻放、这头朝上”。

这虽然是个童话故事，但世界各地数千个课堂中的学生参与了“扁平的斯坦利”项目。每个班级的学生都用纸板制作了自己的斯坦利，并为他编写各种各样的生活故事。例如，“热爱观鸟的斯坦利”，故事中会描述他在当地观察鸟类的文字和图片。这不仅可以为同样参与该项目的学生提供构思观鸟游的提示，

扁平的斯坦利

作就遭到了泄露，被放在网上供人下载。塔伦蒂诺尚未开拍的《八恶人》剧本被全文泄露。《敢死队3》的全片也在上映前被放到网络上。层出不穷的泄密事件，似乎在提醒着各大制片商，要做好数据的保密工作。

美国信息安全公司的相关人员称："索尼影业原本可以采取多方面措施来抵御这样的攻击。"他们表示，尽管这样的攻击是前所未有的，但索尼影业缺乏适当的信息安全系统，才让黑客有了可乘之机。

还能增加旅行的乐趣。

随后，学生们以电子邮件的形式将他们的斯坦利寄给其他国家的学校。当这位扁扁的访客大驾光临时，接待他的小主人会将他视为贵宾。各地的学生们也会根据斯坦利的兴趣爱好，带着他出去旅行，并且记录下斯坦利在当地所有的活动。

学生们通过收发电子邮件、在邮件中添加附件、打印材料、使用数码相机拍摄、扫描材料以及将材料保存于电脑等方式获得所需资料。斯坦利成为了一个工具或手段，帮助学生们深入了解世界各地的历史、气候、自然环境及人类生活等。通过电子邮件的往来，学生们可以探寻和共享来自世界

学生们收集到的"斯坦利"

数字化

数字化的过程是将复杂多变的信息转变为可以度量的数据，再以这些数据为基础建立数字化模型，把它们转变成一系列二进制代码，导入计算机内部，进行统一处理。

数字化是数字计算机的基础，没有数字化技术，就没有当今的计算机。数字化也是多媒体技术的基础，数字、文字、图像、语音，甚至虚拟现实和可视世界的各种信息，实际上都可以采用0和1来表示。数字化还是软件技术的基础，软件中的系统软件、工具软件、应用软件等，信号处理技术中的数字滤波、编码、加密、解压缩等都是基于数字化实现的。数字化更是信息社会的技术基础，信息一旦被数字化之后，就可以在最大范围内实现数字化共享，还有人把信息社会的经济说成是数字经济。

各地的趣味信息。

人们喜欢分享和沟通。对于大多数事物来说，要想做到自由、完整且即时的共享都是不现实的。但当事物被数字化后，这些由数据组成的信息却能够完美地实现共享，它们几乎可以零成本地瞬间穿越整个房间乃至全球。

2 This is for Everyone!(人人共享)

2012年7月27日晚9点，伦敦奥运会举办了开幕式，其中有一个环节名为“感谢蒂姆”。一个男孩和一个女孩说他们要感谢蒂姆，是蒂姆让他们相识。那么这个蒂姆到底是谁呢？

伯纳斯-李

他就是蒂姆·伯纳斯-李，现任麻省理工学院教授，他发明了21世纪最重要的东西——万维网。

1984年，一个偶然的机会，伯纳斯-李来到瑞士日内瓦，进入由欧洲原子核研究中心建立的粒子实验室。在这里，伯纳斯-李被安排了一项极具挑战的工作——开发一个软件，用来让欧洲各国核物理学家们可以通过计算机网络随时沟通和共享自己的数据、资料和信息。

1989年夏，伯纳斯-李成功开发出世界上第一个Web服务器和第一个Web客户机。同年12月，伯纳斯-李为他的发明正式定名为World Wide Web，即我们熟悉的万维网。1991年5月，万维网在因特网上首次露面，立即引起轰动，获得了极大的成功并被广泛推广应用。

因特网与万维网

1991年夏天，万维网正式向世人开放。这之后，因特网几乎飞速流行起来。那么，你知道因特网和万维网到底有什么区别吗?

因特网是一种世界范围内的计算机网络技术，可以使计算机之间相互通讯。因特网诞生于20世纪70年代，由于技术非常复杂，当时只有极少数的计算机专家使用，多为军方人士和科学家。

万维网则是一个使因特网的操作变得简便的系统，它将因特网上的文本、图像、声音等各种信息链接到一起。如今万维网已经成为电脑网络的一种成熟的信息服务系统，能提供以超文本标记语言设计的网页和良好的交互式图形界面，方便用户在因特网上搜索和浏览多媒体信息。

尼葛洛庞帝

此外，因特网的许多其他功能，如E-mail、Telnet、FTP、WAIS 等都可通过万维网实现。美国著名的信息专家、《数字化生存》的作者尼葛洛庞帝教授认为，1989 年是因特网历史上划时代的分水岭。的确，万维网技术给因特网赋予了强大的生命力，万维网的浏览方式给了因特网靓丽的青春。

万维网大功告成的时候，伯纳斯-李放弃了专利申请，将自己的创造无偿地贡献给人类。如果伯纳斯-李为万维网申请专利，他将会是世界上最富有的人，而他放弃了专利，却成为了精神上最富有的人。

伦敦奥运会开幕式中，伯纳斯-李在全世界的瞩目下，用当年发明万维网的NeXT电脑敲击他对整个世界的高贵情感：This is for Everyone!

如果说因特网实现了计算机硬件的联通，那么，万维网就实现了网页的联通，并最终实现了网络虚拟环境的资源共享和协同工作，消除了信息和资源孤岛。伯

2012年7月27日伦敦奥运会开幕式

伯纳斯-李为网址中的"//"道歉

伯纳斯-李表示，网址中http:后面的两条斜线"//"，其实并无必要，这给网民带来了不便。在他设计万维网的时候，没想到这两条斜线会给使用者带来这么多麻烦。有一段时间，常有网民抱怨，需要不断输入这两条斜线。

伯纳斯-李以幽默又环保的方式道歉说，真不知道这两条线，浪费了多少时间、墨水和打印纸张。也有网友说，现在这个已经不重要了，习惯了就好，真要是把"http://"改成"http:"的话反而不适应了。

纳斯-李使数字共享连接了所有人，他是带领亿万人跨越山峦的英雄。

3 都是光缆惹的祸

2015年5月27日下午，杭州市民李先生熟练地打开手机上的支付软件，准备给生意伙伴转账，但接下来的状况却让他一阵紧张。因为支付软件一直提示"网络繁忙"，不能转账，余额和收益显示不了，也无法进行手机充值。打开支付页面，不是显示"系统错误"，就是跳出一连串的问号，连自己的头像都显示不了……

在同一时刻，北京、上海、武汉等地的用户也反映该支付软件无法正常使用。

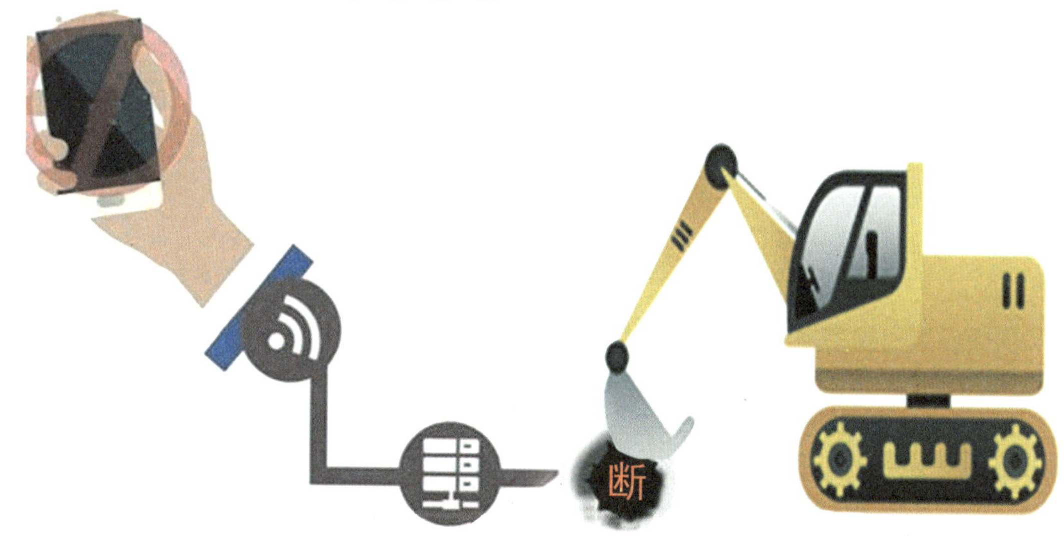

“被黑了吗？”“我里面可还有钱呢！”……尽管有各种猜测，大家最关心的当然还是资金是否安全。

很快，该软件公司发表声明：因市政施工导致杭州市萧山区某地光缆被挖断，该公司的一个主要机房受到影响，全国部分用户无法使用此软件。工程师已在事情发生后第一时间，紧急将用户请求切换到了国内其他机房，用户的资金安全不会受到任何影响。

事实上，当晚7点30分左右，该软件支付服务恢复使用时，被挖断的光缆还没有修复。支付服务的异地多活系统架构在此次意外中发挥了巨大作用。一方面，没有因光缆被挖断而影响全部用户；另一方面，紧急将故障机房的流量切换至了其他机房。

“只要钱还在，我就放心了。”随后，不少网友给该支付软件的修复速度点赞，

什么是“异地多活”

异地多活是一种信息灾难预备方案。在不同地点的数据中心都可以同时支持业务，而且每个地点发生的交易都是真实业务。

这种多活数据中心的好处是，所有的数据中心都支持交易，所以能节约成本。另外，传统方式一般为“一主一备”，如果主中心没有问题，备份中心永远都是“备胎”，不在真实的交易活动状态。因此，基于“异地多活”技术，可以实现用户的无感知切换。

微信“怎么了”?

2013年7月22日7点开始,微信故障影响辐射全中国及海外,包括微信信息无法发出,无法刷新朋友圈,无法连接微信网页版,或接收到的图片无法打开等,到当日中午逐步恢复正常。有网友调侃:“没有微信的上午,你的世界是不是一下子清净了许多?”

此次故障亦是道路施工致地下5米多深处的10多根机房光缆被挖断,影响服务器连接所致,全国30%的微信用户受到影响。

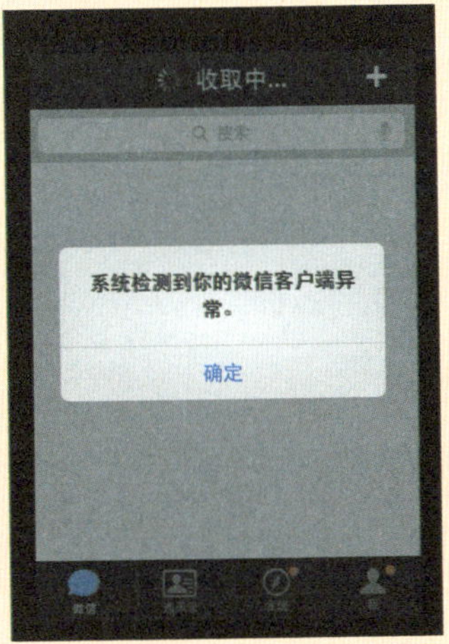

按照一般情况,大型企业为了保证机房数据安全,都会实行“双光缆”保护。一旦其中一条光缆出现故障(比如因地震、洪水等),可以迅速接入另一条光缆,而且两条光缆应该保持一定距离。但这次故障的“双光缆”是“同路由”,即放在了同一管道中,就好比一条路上开了两辆车,这条路断了,两辆车都开不过去。因此影响了好多家企业的正常运作。

并调侃:“再次看到钱乖乖躺在里面,竟然有种莫名的幸福感。”

光缆被挖断可能无法完全杜绝,但可以通过不断升级技术,完善异地多活的系统架构,当未来再出现类似情况时,可以在异地切换时尽可能做到让用户感知最小,甚至无感知。

4 不要把鸡蛋放在一个篮子里

不要把鸡蛋放在一个篮子里

有一次,网管员小李突然发现公司后台的数据库出问题了,需要恢复前一天的数据库。但是第二次恢复依然失败,小李不得不彻底放弃,请求微软公司的员工上门协助。微软公司的员工花了很长时间进行专家会诊,最后发现是:SQL数据库

系统表不可修复性损坏。

2015年5月28日，国内某知名旅行服务网站被删，虽用10多个小时全部恢复过来，但给企业带来了巨大的损失。微博输入“备份”二字，会出现近1亿条用户痛哭流涕地诉说自己因为没有及时备份而抱憾终身的教训。

摩根银行的灾难恢复

美国世贸中心众多全球一流的大公司在“9.11事件”中遭到了严重损失，许多公司因全部数据被毁，无法继续开展业务，只得申请破产。但摩根银行总部在遭到毁灭性的打击后，两天内就恢复营业，主要原因是它不仅内部进行数据备份，而且在数十英里外的新泽西州设有数据备份中心，使宝贵的数据得以完好地保存下来。

因此对数据、数据库的备份，是如今这个大数据时代的必要手段，当灾难到来的时候，可以及时进行灾难恢复。尤其在数字化应用空前广泛的今天，不敢想象在没有备份的情况下，一旦数据出现了问题人们的工作将如何进行。

摩根银行

云计算、大数据、物联网等在改变我们生活的同时，也埋下了安全隐患。硬件故障、软件缺陷、人为破坏、误操作、自然灾害等等都可能造成珍贵数据的破坏或丢失。信息安全公司赛门铁克发布的报告称，大约有80%的大公司曾遭到过各种黑客攻击，2014年针对大公司发动的黑客攻击数量更是比上年增加了40%。在“矛”与“盾”的博弈中，矛只需成功一次便是致命一击，而“盾”需要次次成功才能确保安全。面对无法做到的绝对安全，我们必须做好有效备份措施，不要把鸡蛋放在一个篮子里，守好最后一道安全防线！

今天，你“备”了吗？

挑战无极限

小明在旅游途中拍摄了一组风景照片和视频，他想和小伙伴们分享，你能帮小明实现愿望吗？

你能想到几种方法？试着比较它们的优劣（可以从分享的便捷性和安全性上考虑）。